헬가 그립-하겔슈탕에
니클라스 루만 ― 인식론적 입문

니클라스 루만 — 인식론적 입문

인쇄: 2019년 6월 15일
발행: 2019년 6월 15일
저자: 헬가 그립-하겔슈탕에
번역: 이 철
펴낸 곳: 이론출판사(yeol6204@gmail.com)
펴낸이: 현숙열
주소: 서울 중랑구 면목동 겸재로 40길 8, E-202
전화: 070-7522-2700
팩스: 0504-166-6149
출판등록: 323-2014-000062(2014. 07. 07)
ISBN: 979-11-955289-9-8
가격: 22,000원

헬가 그립-하겔슈탕에
니클라스 루만 — 인식론적 입문
이 철 옮김

Helga Gripp-Hagelstange

Niklas Luhmann — Eine Erkenntnistheoretische Einführung

이론출판

Helga Gripp-Hagelstange: Niklas Luhmann — eine erkenntnistheoretische Einführung
ⓒ 2016, Peter, Grip-Hagelstange, Germany.
All rights reserved.

Korean Translation Copyright ⓒ 2016 by Theorie Publishing
This Korean edition is published by arrangement with Peter Grip-Hagelstange

이 책의 한국어판 저작권은 저작권자인 Mr, 페터 하젤그립슈탕에와의 독점 계약으로 이론 출판사에 있습니다. 신저작권법에 의해 한국 내에서 보호를 받는 저작물이므로 무단 전재와 복제를 금합니다.

"자신을 역설에 내맡기는 사람은
스스로를 현실에 내맡기는 것이다."
(뒤렌마트)

먼 동쪽의 타케노츄카에 있는
헬무트 야로쉬에게 바칩니다.

차례

서문 • • 8
역자 서문 • • 14

I. '구 유럽적' 사고에서 '신 유럽적' 사고로 • • 23
   1. 존재론적 사고의 '무엇 질문'에 관하여 • • 26
   2. '자연의 세계'에서 '비개연적인 것들의 세계'로 • • 32

II. 태초에 차이가 있다. • • 43
   1. 구성으로서의 인식 • • 48
   2. 관찰로서의 인식 • • 54
   3. 형식으로서의 의미 • • 59

III. 생명, 의식, 소통 • • 69
   1. 살아 있는 것의 자기생산에 관하여 • • 72
   2. 의식의 자기생산에 관하여 • • 75
   3. 사회적인 것의 자기생산에 관하여 • • 80
   4. 생명, 의식, 소통 — 중간 결산 • • 96

IV. 처음에 역설이 있다・・115
   1. '나는 네가 보지 못하는 것을 본다' — 첫째 부분・・117
   2. '나는 네가 보지 못하는 것을 본다' — 둘째 부분・・123
   3. 역설적 작동으로서의 관찰 — 그리고 그것의 귀결・・130

V. 성찰・141
   1. '관찰자'에 대한 논평 — 또는: 인간은 어디에 있는가?・・146
   2. 형이상학적 함의・・155
   3. 질문과 의심・・168

자주 인용된 니클라스 루만의 문헌 약호・・176
참고문헌・・177

서문

유령이 돌아다닌다. 독일뿐 아니라 다른 나라들에서도. 모든 유령이 그렇듯이 옷 때문에 그의 원래 모습은 거의 알아보지 못한다. 유령은 땅을 밟지 않고 나타난다. 이 허깨비를 지켜보는 관찰자(!)는 그에게 '자기준거성, 자기생산, 구성주의 또는 심지어 급진적 구성주의'와 같은 다양한 이름을 붙인다. 이 유령은 처음에는 '사이버네틱스, 생물학, 사회과학'의 학문 분과에서 모습을 드러냈다. 알다시피 유령은 어디에나 접근할 수 있기 때문에 이 이차원의 허깨비는 그사이 유력 일간지와 주간지의 문예란 편집실에까지 존재 또는 비非존재를 드러내었다. 특히 '위험한 일도 감행하라'는 명령에 충실한 편집자들은 이 유령으로 인한 유행을 받아들였다. 그들은 이 유령에게 소통 능력을 갖추어 주려 애쓴다. 수준 높은 지성인들은 이제 생각하지 않고 '관찰한다.' 이 유령은 '생각하는 것은 유행에 뒤처졌고 관찰하는 것이 새로운 유행이 되었다'라는 메시지를 전한다. 그러나 이 메시지는 특히 학술 기사나 문예란 기사의 애독자들을 헷갈리게 할 수 있다. 하지만 좀 냉정하게 말하면, 독자들은 어떻게든 난관을 극복해야만 한다. 또한 독자는 우연성 개념이 우리에게 세상의 새로운 사실을 제공할

임무를 가진 직능집단의 상투어가 되어 버렸다는 사실도 감당해야 한다. 이제 그 개념은 세상의 사실을 쉽게 가공해야 하는 임무를 가진 사람들이 늘 쓰는 말이 되어버렸다. 우연성 개념이 미심쩍어지면 두덴Duden 사전에서 찾아볼 수 있게 되었다. 그러나 그 사전은 관찰 개념과 관련해서는 아무런 내용도 알려주지 않는다. 왜 그럴까? 그것은 결국 관찰이 무슨 뜻인지는 누구나 알고 있기 때문이다. 이 점에 있어 두덴은 오류를 범한 것이다. 그래서 이 점과 관련해 우리는 니클라스 루만과 이 책의 주제를 언급할 차례가 되었다.

여기서 유령이라고 일컬은 것은 새로운 인식론적 패러다임을 의미한 것이다. 사회과학의 테두리 안에서 니클라스 루만은 "급진적 구성주의"라는 명칭 하에 이루어지고 있는 연구 활동의 가장 탁월한 대표자이자 연구자이다. 구성주의의 핵심 내용은 인식하는 태도로 세계와 마주하는 주체가 있다는 생각을 포함하여 인식된 모든 내용은 자기준거적으로 수립된 구성이며, 이 구성은 두뇌가 작동한 결과로 이해되어야 하며, 이때 두뇌는 작동 층위와 관련된 것으로서 외부에 대해 완전히 닫힌 것으로 이해되어야 한다. 루만은 『사회적 체계들』이라는 제목으로 1984년에 이와 관련된 자신의 첫 대작을 발표했다. 제목이 『사회적 체계의 **이론**』이 **아니**라는 사실에 유의하라. 그는 1984년에 소개한 이 기본 사상을 자세히 설명하고 수정하는 수많은 크고 작은 빼어난 저서들을 추가로 출간하였다. 자신의 사상을 평이하게 설명하려는 루만의 노력이 큰 결실을 맺지 못했던 이유는 일단은 그것이 다루는 내용 때문이었다. 하지만 그 이유는 루만의 독특한 언어와, 필자의 판단으로는 루만이 자신의 견해를 일반인들이 이해하도록 충분히 배려하지 않았던 데에 있는 것으로 보인다. 이러한 사정 때문에 그 동안 루만의 사상을 상세히 전달하려는 동료들의 입문서들[1]이 나오게 되었다.

나는 이 입문서들 가운데 하나에서 인용을 하고자 한다. 페터 푹스 P. Fuchs는 『니클라스 루만 — 관찰하다』에서 루만의 사상을 소개하는 입문서를 쓰려 할 때 경험한 일을 다음과 같이 설명했다. "나는 몇 주 동안 계속 원고를 구겨버리기만 했다. ... 마침내 나는 '소통' 개념이 핵심인 이 이론을 어쩌면 소통 상황을 설정해 가장 쉽게 기술해나갈 수 있을지도 모른다고 생각하게 되었다. 신비주의자들이 정신적 황폐화라고 말하는 경지를 실컷 맛본 후에 말이다. 다시 말해 이 이론을 체계이론에 관한 소통의 구성으로 기술해보자는 구상이었다"(Fuchs, 1992: 8). 그 후 푹스가 소개하는 '구성'이란 참여한 인물들이 할당된 역할을 이용해 그들이 말하는 내용을 따져 묻는 동시에 자신의 행동으로 명확히 보여주려는 연극작품의 모습을 띠고 있었다. 나는 이 시도를 내재적으로는 확실히 성공한 것으로 여긴다. 그러나 내재적으로만 그렇다. 이 말은 루만이 의도하는 이론 유형은 기본적으로 순차적인 설명을 허용하지 않는다는 의미이다. 왜냐하면 바로 그 이론 유형은 순환적 구조로 되어 있을 뿐만 아니라, 순환논증과 자기준거성의 역설을 해소하기보다 '이용하려' 하기 때문이다. 이러한 점에서 푹스의 방법은 루만의 이론 이해에 전적으로 유용하다. 물론

---

[1] 예를 들어 Peter Fuchs, *Niklas Luhmann - beobachtet*. Opladen, 1992와 Gabor KiSS, *Grundzüge und Entwicklung der Luhmannschen Systemtheorie*, Stuttgart, 1986과 Georg Kneer, Armin NaSSehi, *Niklas Luhmanns Theorie sozialer Systeme: Eine Einführung*. Paderborn, 1993, Walter Reese-Schäfer, *Luhmann zur Einführung*, Hamburg, 1992 등이 있다.

푹스는 다음 문제를 먼저 해결해야 한다. 그 문제란 루만 사상을 통찰하려는 독자는 푹스의 서술 방식과 그의 책 내용을 실제 이해할 수 있기 위해, 왜 순환적 사고가 요즘 말로 '인기인지를 사전에 해결하고 있어야 한다는 것이다. 또한 그러한 독자는 왜 자신의 '평소의' 사고 습관을 적어도 일반적인 면에서 포기해야 하는지 미리 이해하고 있어야 한다. 다시 말하자면 독자는 왜 루만의 이론이 예컨대 이론이 아니라 사회적 체계 그 자체로 다루어야 하는지, 즉 이론 그 자체를 다루는 것으로 파악해야 하는지 사전에 이해하고 있어야 한다는 것이다. 사전 지식이 없이는 이해할 수 없는 어떤 것이 이해되어야 하지만, 이 사전 지식은 기본적으로 원래의 내용이 이미 이해되어 있을 때만 생겨날 수 있다. 이 어려운 문제를 해결하는 것이 루만의 사상을 인도하려는 사람이 감당해야만 하는 쉽지 않은 임무다. 이것을 질문으로 표현하면, 어떻게 하면 '새로운' 사고를 '낡은' 사고 틀과 '낡은' 언어를 통해 설명할 수 있는가 하는 것이다.

이 책은 바로 이 질문, 즉 결국 해결되기 어려운 이 질문에 진지하게 매달려 보려는 시도다. 이 질문은 이 책의 텍스트에도 영향을 미친다. 왜냐하면 독자는 이 진지한 노력이 평소에 통상적으로 요구되는 논증의 엄격성 정도와 관련해 어느 정도 용납해줄 것을 자신에게 요구하고 있다는 사실에 직면할 것이기 때문이다. 앞으로 되풀이해서 다룰 내용을 단계적으로 점점 심층적으로 파고들려는 노력이 이어질 것이다. 앞으로 거치게 될 과정의 각 단계들은 다음과 같은 주안점을 특징으로 설정하고 있다. 니클라스 루만은 자신이 '낡은 유럽식'이라고 분류한 존재론적 사고를 수정하는 것을 중시한다. 따라서 나로서는 존재론적 사고가 무슨 의미로 받아들여져야 하는지, 혹은 그 속에 어떤 함의들이 숨어 있는지에 관한 합의에 도달하는 것이 합당한 접근 방법인 것으로 보인다. 다음으로 이 책의 2장은 자기준거적 체계 이론의 실질적 구성요소들을 다룰 것이다. 인식의 생물학적 특성을 다루는 '인지과학'에서 루만이 차용한 핵심 개념들이 소개되고 자세히 설명된다. 이 단원의 목표는 한편으로 루만이 '태초에 동일성이 아니라 차이가 있다'는 자신의 선언을 인식론적으로 어떻게 규명하는지 명확히 설명하는 것이다. 다른 한편으로, 그다음 장을 대비하여 루만이 의미라는 현상을 주체와 무관한 것으로, 즉 세계 복잡성을 다루어내는 데에 사용되는 구분의 특수한 형태로 미리 구상했다는 사실과 그 이유를 이해할 필요가 있다. 루만은 의미의 생성이 주체의 능력에 기인한다고 보지 않기 때문에, 소통을 통해서도 세계 복잡성을 유의미한sinnhaft 것으로 환원시킬 수 있다는 명제를 내세우고 있다. 간단히 말하면, 세계 복잡성 환원이 심지어 자체 동학을 통해서도 일어날 수 있다는 것이다. 이것은 주체의 사회구성자 자격을 무력화시키는 과정에 있어 결정적인 걸음을 내딛은 것이다. 다음으로 이 책의 3장의 고찰들은 집중적으로 바로 이 주체의 이론적인 무력화를 중심으로 진행된다. 여기서 다루는 주제는 루만 초심자들에게는 놀랍게 여겨질 것이다. 이 주제는 사회의 구성은 인간들이 아니라 소통이 실제 주도자로 통용되어야 한다고 가정하기 때문이다. 자체 동력에 의해 처리되는 것으로 가정되는 사회적 체계와 관련해볼 때 인간은 사회적 체계의 환경에 배속될 수 있을 뿐이다. 루만의 사상을 이 지점까지 공감할 수 있다면, 수용자에게는 "이러한 유형의 이론이 갖는 가장 어려운 문제"(Luhmann)가 남아 있다. 이것을 간략하고 정확하게 표현하면 이런 내용이 된다. '관찰하는 것은 역설적인 작동이다.' 4장에서 추구하는 목표는 '역설을 최종 공식'으로 받아들일 필요가 있다는 진술의 함의를 신중하게 살펴보는 것이다. 마지막으로 5장에서는 앞에서 인식론적으로 얻어진 내용의 몇 가지 핵심적 특성들을 추상화라는 막연한 높이에서부터 일상생활이라는 더 구체적인 영역으로 옮기려는 시도가 이루어질 것이다. 이때 제기되어야 할 질문은 다음 내용이다. 니클라스 루만이 주창하는, 낡은 유럽식 사고와의 작별이 우리의 일상생활에 어떤 중요성을 가지는가가 될 것이다.

 이 책에서 루만의 저서들이 일차적으로 인식론적 관점에서 고찰되는 것은 루만의 사회이론의 모든 분석 결과가 그의 인식론적 논리 기반을 이해했을 때만 제대로 납득 가능하다는 확신 때문이다. 이런 생각에 공감하고 이 방면에서부터 루만의 저작에 접근하려 시도한다면, 루만의 도움을 크게 필요로 하지 않아도 될 것이다. 루만은 독자가 이해의 어려움에 봉착하지 않으려면 자신이 각주를 이용해 풍부하게 언급해 놓은 기초적인 저자들의 저서를 참조하라는 전제를 명백히 내세우고 있다. 고귀한 독자들의 관심과 시간이 그렇게 하기에 충분하다면, 독자들은 생물학자와 수학자들의 까다로운 저서를 탐독하게 될 것이다. 그러니까 간단히 말하면, 루만의 사상에 담긴 의미를 이해하는 것은 상당한 시간이 필요한 과정이 될 수도 있다는 것이다. 그러나 이 책을 쓰는 나의 관심은 앞으로 루만의 저서들을 읽을 독자들이 그의 사상의 깊이를 음미하는 즐거움을 포기하지 않고두 이 과정을 단축시키도록 도와주는 데에 있다.

역자 서문

　1995년에 출간된 그립하겔슈탕에의 입문서는 모두 30여 종의 루만 입문서 가운데 유일하게 인식론적 차원에서 루만 사상을 소개하고 있다. 저자가 서문에서도 밝혔듯이 루만의 인식론적 사유의 도대를 알면 루만의 도움 없이도 원전을 이해할 수 있다. 인식론적 사유의 전통에서 루만이 기여한 바는, 존재론적 사유를 작동이론적 사유로 대체했다는 데에 있다. 간단히 말하면 루만은 지난 2500년 동안 근본적인 결함에도 불구하고 지속되어온 '구 유럽적 사고전통'을 사건이론을 기반으로 하는 사고유형으로 대체하였다. 루만은 사건이론이라는 새로운 이론 구축 전략을 통해, 주체를 대체하는 운동구조를 이론화하였다.

　이론의 구성요소를 실체가 아니라 사건으로 삼으면, 고난도 이론 구축 기술이 필요해진다. 발생하자마자 사라지는 사건은 끊임없이 후속 사건으로 대체되어 나가야 하기 때문이다. 사건이 후속 사건으로 이어지는 한에서만, 이론의 대상과 이론 자체가 유지될 수 있다. 이론의 대상이든 이론 그 자체이든 이 조건을 충족시키는 것은 자기생산체계라 불린다. 루만은 생물학적 체계, 심리적 체계, 사회적 체계의 세 가지 하위 유형을 구체적인 보기로 들 수 있는 자기생산체계를 자신을 다른 것으로부터 구분하는 작동의 이어짐으로서 개념화한다. 이러한 체계들은 다음의 필수 요건을 공통적으로 가진다.

"'하나의' 체계는 적어도 두 사건을 필요로 한다. 이 둘 가운데 둘째(2) 사건은, 대개 그 순간에는 아직 발생하지 않은 셋째(3) 사건을 염두에 두면서 첫째 사건(1)을 관련짓는다.

이 조건에서 사건이 발생 즉시 사라진다는 점을 고려하면, 이 문장은 다음처럼 수정 가능하다.

"'하나의' 체계는 적어도 두 사건을 필요로 한다. 이 둘 가운데 현재(2) 사건은, 대개 그 순간에는 아직 발생하지 않은 이후(3) 사건을 염두에 두면서 이전 사건(1)을 관련짓는다.

아래에서는 바로 이 필수 요건을 가지고 자기생산 체계의 기본 구성을 설명하고자 한다. 그런데 아래에서는 사건 개념의 자리에 소통 개념을 투입하여, 일반 체계 이론의 경우가 보다 구체적인 사회적 체계의 경우에 어떤 모습을 보여주는지를 함께 설명하고자 한다. 모든 사회적 체계는 다음과 같은 특성을 가진다.

'하나의' 사회적 체계는 적어도 두 소통(사건)을 필요로 한다. 이 둘 가운데 현재(2)의 소통은, 대개 그 순간에는 아직 발생하지 않은 이후(3) 소통을 염두에 두면서 이전 소통(1)을 관련짓는다.

그런데 여기서 우리는 발생하는 그 순간 바로 사라지는 사건의 속성을 엄중하게 생각해야 한다. 현재 소통은 이전 소통과 "직접적으로" 관련지어질 수 없다는 것이다. 현재 소통이 발생하는 그 순간에는, 직전 소통은 이미 사라져 버렸고, 미래 소통은 아직 일어나지 않고 있기 때문이다. 시간화된 사건은 언제나 현재 사건으로서밖에 발생할 수 없는 것이다. 그래서 현재의 소통은 과거 소통들과 미래 소통들을 자기 안에서 현재화할 수 있어야 한다. 달리 말하면 현재 소통은 그 소통이 발생하는 바로 그 순간에 이전 소통과 이후 소통과의 관계를 맺을 수 있어야 한다. 루만은 이 난제를 정보(1), 통보(2), 이해(3)의 동작들이 자기준거적으로 하나의 소통을 구성한다는 설명을 통해 해결한다.

'하나의' 소통은 적어도 두 동작을 필요로 한다. 이 둘 가운데 현재(2) 동작인 통보는, 대개 그 순간에는 아직 발생하지 않은 후속 동작(3)인 이해를 염두에 두면서 직전 동작(1)인 정보를 관련짓는다.

그래서 연결 소통(3)을 염두에 두고서, 이전 소통(1)을 관련짓는 현재 소통(2)은, 현재 소통 내에서 통보(2)가 이해(3)를 염두에 두고 정보(1)를 관련지음으로써 현재화된다. 이렇게 하나의 사건 안에 장착된 '정보-통보-이해'는 그 자체가 매 순간 스스로를 생산하는 체계의 사건이 된다.

　지금까지의 설명은 전체에서부터 부분을 끌어내는 원리로 소통의 연쇄로부터 "단위"소통을 이끌어내는 일반적인 방식과는 다른 차원을 보여준다. 이 설명에서는 단위 소통이 매 순간 생성됨으로 인해 소통의 발생과 이어짐이 실현되는 것이다.

　그리고 그러한 단위 소통은 매 순간 환경으로부터 자신을 분리하는 작동이다.

　그리고 이렇게 사회적 체계의 구체적인 사례에서 나타나는 관계들은 일반 체계의 경우에서 '구분-지시-재진입'의 관계로 정식화할 수 있다. 일반 체계의 경우에 대한 설명은 지금까지의 논의를 정리하기 위해 먼저 중심 개념들을 일괄하겠다.

표 1: 체계와 체계작동의 구성

체계의 원리	첫째 사건	둘째 사건	셋째 사건
사회적 체계	이전 소통	현재 소통	후속 소통
사회적 체계의 단위 소통의 세 동작	정보/통보-이해	정보/통보-이해	정보/통보-이해
일반 체계의 단위 작동(Operation)	구분/지시-재진입	구분/지시-재진입	구분/지시-재진입
2차 사이버네틱스	입력/출력-(재)입력	입력/출력-(재)입력	입력/출력-(재)입력

　정보-통보-이해, 또는 구분-지시-재진입은 2차 사이버네틱스의 운동 원리를 포함하고 있다. 즉 어떤 것을 입력하여 얻어낸 출력을

그 체계 안에 다시금 입력한다. 이러한 '입력-출력-재입력'은 어떤 결과를 만들어내는가?

사회적 체계의 요소인 소통의 경우를 들어 말하면, 이해(3)가 정보(1)와 통보(2)를 구분한다. 이때 이해는 그 둘을 구분하기만 했을 뿐이다. 정확하게 말하면, 그 둘의 차이를 관찰했을 뿐이다. 그래서 원어에서 루만이 선택한 Mitteilung은 "전달"로 번역해서는 안 된다. 정보나 정보의 의미가 전달되는 것이 아니기 때문이다. 정보의 기표가 전달된 것도 아니다. 정보와 통보의 차이가 관찰되기만 했을 뿐이다. 이 순간에는 이 책에서도 반복하여 강조되듯이, 분리된 두 면이 생성되며, 그 분리로 인해 보이지 않게 된 면과 그 분리의 결과 보이게 된 면과의 차이가 생성되었을 뿐이다. 이것은 집합이론적인 접근이며, 그래서 기존의 논리학이나 변증법 등을 포괄한다.

이때 "이해"가 정보를 선택했는지 통보를 선택했는지 알기 위해서는 다음 순간의 관찰자를 관찰하여야 한다. 예를 들어 커피 한 잔 하자고 초대하는 소통이 제안되고, 그 다음 순간의 관찰자가 단지 그 제안을 수락하기만 한다면 그 소통이 만들어낸 정보가 선택된 것이다. 반면 그 다음 순간의 관찰자가 초대의 이유를 되묻는다면, 그 소통으로 표현된 통보가 선택된 것이다.

지금까지 주체를 대체하는 운동구조를 개괄하였다. 이 책의 저자 그립-하겔슈탕에가 4장에서 구분, 지시, 그 둘의 구분을 논의하면서 설명하려던 요점이 바로 이것이다. 독자들은 이 책을 숙독한 후 이 개념을 확인할 수 있기 바란다. 마지막으로 이러한 차이이론적 구상은 존재론적 철학의 전통을 혁신적으로 대체하는 이론적 기초가 된다. 루만의 『사회의 학문』(1990)은 바로 이러한 이론 기획에 기초하여 실재론과 관념론 모두를 체계이론적 지식사회학으로 대체하려는 시도이다.

이러한 고찰은 번역어 선택에 있어서 중요한 시사점을 가진다. 전통 철학에서 "통일성"으로 번역되는 Einheit를 루만은 차이이론적 구상이라는 전혀 다른 목적으로, 사용하기 때문이다. Einheit는 루만의 이론 구상에서, 재진입이 실행된 순간의 상태를 나타낸다. 구분과 지시가 각각 과거와 현재로서, 그리고 재진입이 미래로서 확정된 순간의 상태이다. 이것은 체계에 의해 하나의 구분이 선택된 순간이다. 이 순간 다중성이 하나로 합치되기는 했지만, 그렇게 합치된 것은 구분된 것이 함께 있는 일종의 독립체 상태에 있다. Unity와 entity가 함께 실현된 상태로 설명할 수 있겠다. 이 특별한 개념을 이 책에서는 — 전통적 의미에서 사용되는 소수의 경우에 "통일"이나 "통일성"으로 번역하는 것을 제외하고는 — "(차이)동일성"이라는 역어로 표현하였다.

역자는 이 결정을 통해 루만의 이론을 고유한 개념체계에 따라서 이해하는 것을 중시한다. 모든 역어는 가급적 기존의 역어체계에 편입시키는 방향으로 번역하여 개별 역어에 담긴 의미론적 역사를 존중하는 것이 마땅하다. 그런데, 역자는 그런 전략을 취하면서 루만의 고유한 사상에 대한 이해를 스스로 막는 경우를 보았다. 이 점에 대한 자세한 논의는 곧 출간될 『사회적 체계들』(2019)에서 상술하도록 하고, 여기서는 "(차이)동일성"이라는 역어를 취하여 이 개념이 가상, 현상, 인식의 삼중 동일성의 유의미한 한편 가상과 현상의 동일성과 같은 계열의 의미로 사용된다는 점을 강조하는 것이 중요하다는 점만 언급하도록 하겠다.

역자는 루만 이론의 핵심 용어들 중 구분과 지시, 또는 (구분)작동과 관찰(작동)이 전통적인 인식론에서 각각 존재와 인지에 해당된다는 힌트를 말씀드린다. 루만은 이 둘을 동시에 출발시키며, 이 시간적 해법을 통해 존재론적 사유에 대한 근본적인 극복을 시도한다. 즉 존재를 상수로 두고 인지를 존재에 의존하는 것으로 다루지 않는다. 루만의 이론에서는 존재에 해당되는 (구분)작동과 인지에 해당되는 관찰(작동) 모두를 변수로 다루는 조건에서, 그 둘이 서로에 의해 상대화되는 것으로 처리한다. 하나의 사건이 발생하는 바로 그 순간, 관찰에 의해 촉발된 (구분)작동이, 그 작동이 야기하는 관찰(작동)에 의해 인지된다. 쌍방이 쌍방에 대해 영향력을 동시에 행사한다. 사회적 체계의 경우에는 하나의 소통이 발생하는 순간, 이해함에 의해 촉발된 통보함이, 통보함이 야기하는 이해함에 의해 인지된다. 이 장년은 일반적 체계의 경우에는 — 이 책에서 루만 텍스트의 강조점으로 부각시키는 것처럼 — 하나의 작동이 발생하는 순간, "생산된" 차이와 "관찰된" 차이가 동시에 생성되는 것으로 설명된다.

역자로서는 독자들이 이 책의 깊은 내용들을 발견하고, 루만의 원저작에 대한 정확한 이해의 발판으로 삼기를 기대한다. 역자는 보통 한 단락이 하나의 긴 호흡의 문장으로 구성된 원문을 여러 문장으로 쪼개어 번역하였다. 역자가 깨닫지 못한 오역들이 있다면, chullee01@gmail.com으로 알려주면 감사하겠다. 이 책의 출간을 고무해 준 영동대학교 박충식 교수와 승가대학교 유승무 교수에게 감사한다. 유승무 교수, 광주대학교의 김미경 교수 및 현윤경 선생과 함께 이 책의 모든 내용을 토론할 수 있었던 것은 역자에게 큰 기쁨이었다. 그 과정에서 현윤경 선생은 여러 곳에서 텍스트의 세밀한 면을 살려낼 수 있는 제안을 해주었다. 로그아웃 출판사의 염정용 대표는 이 책의 여러 표현들을 유려하게 다듬어 주었다.

　이 책은 2013년 타임비 출간사에서 전자책으로 출간된 원고를 대폭 수정한 역본이다. 이 책은 2016년 경에 원고가 완성 단계에 이르렀으나, 이 책이 입문의 대상으로 삼는 『사회적 체계들』의 개정번역이 당시 결정된 계제에 출간이 연기되었다. 이제 그 책의 출간이 임박하였기에 출간을 서두른다. 이 책은 루만 체계이론의 인식론적 입문으로서 스펜서-브라운의 『형식의 법칙들』을 고려하지 않는 한계를 가지는데, 이 한계는 『역설의 형식: 조지 스펜서-브라운의 형식의 법칙들에의 수학적, 철학적 입문』(이론출판)을 통해 보완할 수 있을 것이다. 마지막으로 어려운 사정에도 출간 결정을 내린 이론출판의 현숙열 대표에게 감사의 말씀을 전한다.

2019년 3월 15일

이 철

1. '구 유럽적' 사고에서 '신 유럽적' 사고로

1. '구 유럽적' 사고에서 '신 유럽적' 사고로

'구 유럽적'이라는 말은 니클라스 루만이 즐겨 사용하는 개념이다. 그는 어떤 특정한 견해가 낡아버렸고 시대에 뒤졌음을 드러내야 할 때면 늘 이 개념을 사용한다. 루만은 존재론적 사고가 아직 이 시대에 통용되고 있지만 완전히 낡았다는 견해를 갖고 있다. 그렇다면 루만은 존재론을 어떻게 이해하고 있는가? 루만의 존재론은 "어떤 관찰자가 존재/비존재라는 구분을 갖고 작동하며, 이 구분에 힘입어 자신이 중요한 것, 연결 능력이 있는 것, 간단히 말해 '존재자'로 간주하는 것을 지시하는 것이다"(SA 5: 228).

우리는 이 대목에서 일단 '관찰자'와 '구분'이라는 용어를 끌어들임으로써 루만의 이론을 이해하는 데 지극히 중요한 용어 내지는 사실을 주제로 다루게 된다. 이 용어들에 대해서는 나중에 상세히 설명하기로 하고, 여기서 오로지 내용적인 면에만 집중한다면, 우리는 이 인용문으로 파르메니데스 이후 명백히 제기된 질문, 즉 우리가 '존재한다'고 말하고 그것으로 이 세상의 사물을 가리킬 때 실제로는 무엇을 뜻하는가 하는 질문을 불러들이게 된다. 루만의 관점에서는 서양의 사고 전통 속에서 이 문제에 대해 지금까지 발견된 해결책들은 기껏해야 역사적인 의미만 지닐 뿐이다.[2] 그리고 "우리가 20세기 말의 근대사회에 와 있으면서도 그렇게 생각해야만 하는가?"(SA 5: 229)라는 그의 질문은 순전히 수사적인 말일 뿐이다. 루만에 따르면, 이 시대의 제반 사회 문제들에 적절히 대처하려면 우리는 더 이상 그렇게 생각할 필요가 없으며, 그래서도 안 된다. 적어도 이론을 구축하는 것과 관련해서는 말이다. 그런데 존재론적 사고란 원래 어떤 의미로 받아들여야 하는가?

1. 존재론적 사고의 '무엇 질문'에 관해

가장 먼저 존재론적 사고는 서양 문화의 시초에 자리하고 있다는 점을 명확히 밝힐 필요가 있다. 이 사고의 가장 보편적인 특성은 과거에나 지금에도 변함이 없다. 간략히 표현하면, 존재자란 제각기 서로 다른 성질과 작용 방식이 부여되는 무수히 많은 경험적 사물들로 구성된다고 여겨지는 총합으로 이해된다. 여기서 이어지는 추가 가정에 따르면, 이 물리적으로 실재하는 사물들에는 존재론적 핵심, 즉 이 다양한 성질과 작용 방식을 말하자면 가장 내면에서부터 결집시키는 존재의 핵이 속성으로 자리하고 있다. 그런데 일단 아주

---

2) 이 점에 대해, Luhmann, N, 'Identität-Was oder wie?' in: Luhmann, N, *Soziologische Aufklärung 5* (SA 5), 14이하. Luhmann, N, "Das Erkenntnisprogramm des Konstruktivismus und die unbekannt bleibende Realität", in: Luhmann, N, *Soziologische Aufklärung 5* (SA 5), 31이하. Luhmann, N, 'Ich sehe was, was Du nicht siehst", in Luhmann, N, *Soziologische Aufklärung 5* (SA 5), 228이하.

보편적으로 이해하면, 동일성이라는 개념도 이 존재의 핵이라는 관념을 기반으로 하고 있다. 동일성이란 개념은 현상을 현재 존재하는 것이 되도록 해주는 어떤 것, 현상을 이것이나 저것이라고 확인할 수 있게 해주는 어떤 것이 있음을 말해준다. 이 때문에 존재론적 사고 유형에는 본질적으로 '무엇 질문'의 구조가 들어 있다. 다시 말해 인간은 어떤 존재인가, 신은 무엇 혹은 누구인가 등등을 의미하는 질문들이 들어 있다. 존재론적 동일성 개념은 아리스토텔레스의 논리학에서 그 형식적 틀을 얻는다.

　존재자를 총합으로 이해한다는 것은 고전적 사고에 있어서는 주관성이 아직은 사고를 유발하는 독립적인 실재로서 존재자 속에 구상되어 있는 것이 아니라, 존재자의 존재 여부를 해석할 수 있는 특별한 능력을 갖춘 전체 존재자의 일부로서 구상되어 있다는 뜻을 포함한다. 이 능력을 발휘하게 해주는 수단은 언어에 내재한다고 여겨진 로고스다. 이 때문에 언어와 로고스의 관계, 따라서 사고와 로고스의 관계를 설명하는 것은 사고가 우리 문화의 처음에 해결해야 했던 도전이었다. 아리스토텔레스가 이 문제를 해결한 방식은 그 작업의 결론에서 추론해보면 현재 세계에 대한 이해에도 결정적인 것으로 받아들여질 수 있을 것이다. 이제부터는 이러한 사고 유형의 본질적인 특성들이 무엇인지 고타르트 귄터가 제시한 해석에 따라 설명하기로 한다.[3]

---

3) Gotthard Günther: *Beiträge zur Grundlegung einer operationsfähigen Dialektik, Bd. 1*, Hamburg, 1976, Gotthard Günther: "Das Problem einer transklaSSischen Logik", in: *Sprache im technischen Zeitalter*, Heft 16, 1965, 이하에 대해서는 Gripp, H.: Theodor W. Adorno - *Erkenntnisdimensionen negativer Dialektik*, Paderborn/

권터에 따르면 모든 사고는 '나는 어떤 것을 생각한다'는 '근원현상학적 상황'을 특징으로 하고 있다. 사고와 로고스의 관계를 성찰해야 한다면 한편의 '나는 생각한다'와 다른 한편의 '어떤 것'의 관계를 설명할 필요가 있으며, 권터에 의하면 고전적 사고도 이미 그렇게 하고 있다. 고전적 사고에서 의식은 존재에 관여하는 것이라는 의미로 이해되었다는 사전 가설을 배경으로 이 관계에 대한 설명이 이루어졌기 때문에 사고가 즉흥성, 유동성, 모순성을 특징으로 한다는 사실이 설명을 위해 근본적으로 중요해진다. 왜냐하면 '나는 어떤 것을 생각한다'라는 사실에서 만약 '나는 생각한다'는 것이 신뢰할 수 없는 사실이라면, '존재한다'는 지위를 '어떤 것'에 부여할 수는 없을 것이기 때문이다. 즉 '어떤 것'에 최종적인 의미로서 존재의 핵 지위가 부여할 수는 없다는 것이다. 고전적 사고가 이 문제에 대해 찾아내는 해결책은 다음과 같은 방향으로 진행된다. '어떤 것', 다시 말해 존재는 '나는 생각한다'의 유동성과 대조를 이루도록 구상된다. 즉 그것은 영원히 지속하는 것으로, 그 동일성이 변하지 않고 유지되는 것으로, 칸트 식으로 말하면 物 그 자체로서 구상된다. 다음으로 바로 이 가정에 의해 논리학의 첫 번째 명제인 동일성 명제가 공리로 확정된다. 이 명제는 사고의 최종 지향점, 즉 '나는 어떤 것을 생각한다'라는 근원현상학적 상황 속의 '어떤 것'을 자체적으로 존재하는 것, 즉 동일한 것으로 규정한다. 그렇게 되면 두 번째 공리인 모순의 명제는 이 사고의 지향점을 다루는 것에 해당한다. 모든 사고는 잘 알다시피 이치=値적이다. 여기서 '어떤 것'

München/Zürich, 1986을 참조하라.

은 원칙상 사고에서 긍정적으로도 부정적으로도 나타날 수 있다는 결론이 나온다. 논리학의 두 번째 공리인 모순의 명제는 이제 여기에 빗장을 지른다. 그 두 번째 공리는 모든 존재의 원래 이치적인 속성 때문에, 그 공리가 가능하려면 "그 자체에 서로 상반되는 규정들을 동일한 관점에서 통합하고 있어서는 안 된다는 요구가 제기되어야만 한다"(Günther, 1976: 9)는 의미가 된다. 고전적 형식 논리학의 세 번째 공리인 배중률排中律 명제도 의식과 그 의식의 형이상학적 토대 사이의 관계를 끌어들인다. 이 공리는 사고가 이제 그 가치의 속성이 부정적이거나 긍정적인 경우에 따라 존재와 동일한가 하는 질문에 답변을 내려준다. 답변의 내용은 "이 절대적인 양자택일과 관련해 '배중률'이 존재할 가능성이 철저하게 배제되도록 고수하기만 한다면 사고를 긍정성으로서 또는 부정성으로서 존재와 동일시하는지 않는지는 기본적으로 상관이 없다"(Günther, 1976: 10)는 것이다. 그러므로 '세 번째는 없다Tertium non datur'는 진술에는 절대적으로 (긍정적인) 존재함과 의식의 완전한 부정은 원래 의미에서 같은 것이라는 말이 들어 있다. 이 둘은 함께 "모든 이론적인 의식 규정의 체계적으로 폐쇄적인 총체를 이루는데, 이때 어떤 개념 요소가 개별적으로 긍정적으로 (즉 배제하는 것으로), 어떤 요소가 부정적으로 (즉 배제되는 것으로) 평가되는가는 전혀 상관이 없다. 다만 이 상관적인 대립 관계의 체계상 폐쇄성이 어디서도 '제3자'(논리적 자질 원칙)에 의해 중단되지 않는 한에서만 그렇다"(Günther, 1976: 11).

따라서 아리스토텔레스의 논리학에 있어, 존재론적 동일성 개념의 형식적 틀은, 모든 진술의 내용은 결국에는 같은 것과 관련되어 있다는 가정을 그 특징으로 갖고 있다. 이 동일한 것은 아리스토텔레스에게 있어서는 실체라는 명칭을 얻고, 그 후의 철학사에서는 절대적 주체 또는 초월적 자아라는 명칭으로 불린다. 인식을 최후로 지탱해줄 수 있는 것과 관련된 개념들이 달라질 수 있다 하더라도 결정적으로 중요한 것은 다음의 두 가지다. 그 하나는, 주관성이 이 개념들에서 아무리 상이하게 개념화되어 있더라도 물질세계 외부에 위치하는 것으로 여겨지기 때문에 인식 과정의 논리적 보편 타당성이 보장되어 있다. 또 하나는 앞의 것에서 도출되는 결론이지만, 이 사고 유형의 범위 내에서 모든 존재자의 동일성은 언제나 사전에 전제되어 있다. 따라서 귄터에 의하면 모든 의식이 초월적인 것에 근거를 두고 있기 때문에 논리학은 존재하는 객관성의 영역과만 관계하고 있는 것이다. 논리학은 귄터가 주장하듯이 "**존재하는** 것의 형식주의"(Günther, 1965: 1291)이다.

존재하는 것의 형식주의라는 점에서 논리학에서 배중률을 배제하는 것은 절대적인 의미가 있다. 그렇게 되면 두 가지 논리적 값을 갖추는 것만으로도 충분하다. 존재하는 어떤 것이 있다면 "지시값"과 하나의 "성찰값"(Günther)을 가지는 것으로 충분하다. 다시 말해 존재하는 상태를 규정하기 위한 값과 이 규정을 점검하기 위한 값만 있으면 된다는 것이다. 제3의 값은 필요하지 않다. 존재론적 사고의 시초에 있어 결정적으로 중요한 존재/비존재의 사고 유형으로 되돌아가면, 비존재는 이 개념에서는 순수한 성찰 범주로만 이해되며, 그것은 그 정도로 존재자에게서 가차 없이 내쫓겨버렸다. 이렇게 표현해도 된다면 말이다. 철학사가 계속 이어지면서 시도된 '나는 어떤 것을 생각한다'라는 근원현상적 상황에 대한 새로운 해석들도 존재는 있고 비존재는 없다는 이 사고 유형을 바꾸지는 못한다. '주체가 객체를 생각한다'는 사고 유형도 루만의 말로 표현하면 존재론적 관찰 방식의 형식 사용의 메타 존재론적 법칙의 지배를 받는다(SA 5: 17). 왜냐하면 그 사고 유형에도 "존재자의 동일성이 전제되어야만 한다"(SA 5: 19) 는 조건이 적용되기 때문이다. 이것은 '반드시' 전제되어야 한다. 그렇지 않을 경우 이치성 논리의 형식주의가 말하자면 기술적으로 충분하지 않기 때문이다. 그러나 루만은 "근대사회는 이 전제를 포기해야만 한다"(SA 5: 20)고 주장한다.

그래서 이 사고 유형이 왜 반드시 포기되어야만 하는지 묻는다면, 거기에는 특히 두 가지 이유가 주어진다. 한편으로 근대에 와서 주관성은 더 이상 초월적으로 규정되어 있다고 생각할 수 없다. 그러나 주체가 매번 자신의 '동일성 생산/의미 생산'과 관련해서 독립적인 것으로 여겨져야 한다면, 여기서 논리 형식주의는 단순히 주체와 객체, 즉 한편으로 초월적으로 규정되었고, 그래서 그 보편타당성이 주장되는 주관성과 다른 한편으로 존재하는 객관성을 구분할 필요가 없다는 결론이 도출된다. "형식주의는 오히려 주체가 무수한 자기중심들로 분산되어 있다는 점을 고려에 포함시켜야 한다. 그러나 이것은 주체와 객체라는 이치성 관계가 서로 일치 불가능한 무수한 존재론적 위치들에서 전개된다는 의미가 된다"(Günther, 1965: 1301).[4] 다른 한편 수많은 '자기중심들'이 세계를 상이한 입장에서

---

4) 원문에서는 여기서 인용된 마지막 문장이 이탤릭체로 강조되어 있다. 계속되는 문장은 다음과 같다. "모든 개별 주체는 세계를 동일한 논리로 파악한다. 그러나 주체는 존재의 다른 자리에서 세계를 파악한다. 그 결과는 다음과 같다. 모든 주체가 동일한 논리를 사용하는 한, 그들의 결과는 같다. 그러나 상이한 존재론적 위치로부터 적용이 이루어지는 한, 그들의 결과는 다르다."(Günther, 1965: 301).

파악할 뿐 아니라, 그것을 넘어 자기중심들이 그들 모두에게 보장되는 객관성을 만들어낸다는 사실도 고려해야만 한다. 이것은 서로 다른 수많은 개별 구성들로 벌어지는 것이 아니라, 발현적 산물로 여겨져야만 한다. 이 복잡한 상황을 사색적으로 적절하게 찾아낼 수 있으려면 "고전적 논리의 중요도 체계"로 이해될 수 있는 "초고전적 다치 논리가 필요하다고 귄터는 주장한다(Günther 1965: 1301).

그러나 루만은 이러한 제안을 수긍하지 않는다. 그러나 루만은 이치적 논리에 의해 사고에 설정된 한계와 관련한 문제의식을 귄터와 공유하며, 이와 관련한 중요한 대목에서 끊임없이 그를 언급한다. 하지만 루만은 그 후 이 문제를 또 다른 접근 방식을 통해 해결하려 시도한다. 이 방식은 차이이론적 사고라는 명칭을 달고 있다.

2. '자연의 세계'에서 '비개연적인 것들의 세계'로

지금까지 살펴보았듯이 귄터는 이치성 논리를 존재하는 것의 형식주의로 해독한다. 그리고 근대에 와서 그는 주관성이 더 이상 초월적으로 자리하고 있는 것으로 생각할 수 없을 때 일어나는 문제점들을 지적했다. 그가 추구하는 해결책은 초고전적 다치 논리다. 하지만 이 해결책은 전통적인 '주체/객체-도식'을 근본적으로 수정하지 않고 있기 때문에, 루만의 전문용어로 표현하면 구 유럽적인 것에 묶여 있다. 반면 니클라스 루만은 이미 설명한 논리의 제한성으로부터 더 급진적인 결론을 이끌어낸다. 그의 입장에서는 인식론적 기본 정향점인 '주체/객체-도식' 전체를 극복하고, "주체 자체가 이항적 구도를 가진 관찰이라는 기술의 인위적 구조물에 지나지 않았음"(1987b: 44~45)을 파악할 필요가 있다.

　루만은 사고를 새롭게 방향 설정할 필요성과 관련해 어떻게 이토록 비교할 수 없을 정도로 급진적인 견해를 가지게 되었는가? 우리는 이 질문에 대해 더 좁은 의미에서 답변을 하려고 노력할 것이다. 그러나 그 전에 루만이 '주체/객체-도식'의 문제를 지적함으로써 '주체가 객체를 생각한다'는 전통적인 사고 유형을 의문시할 것을 종용하는 근대 자연과학의 현실 인식을 이어가고 있다는 사실이 명확히 제시 되어야 한다. 이 현실 인식들을 적어도 기본적으로나마 확인해 보도록 하자.[5]

　루만의 이론에 강한 영향을 미치고 있는 자연과학적 인식의 결정적인 요소는 보충성 정리로 인해 물리학적으로 존재자의 최종 성질과 관련된 견해가 변화되었다는 점이다. 주지하다시피 양자물리학은 자연이 기반으로 삼고 있는 최종적인 불변의 구성요소가 틀림없이 존재한다는 전통적인 가정, 그리고 이성 내지 실험이 '객관적으로' 측정할 능력을 틀림없이 가지고 있다는 가정의 근거를 허물어버렸다. 하이젠베르크의 불확정성 관계 이론을 보면, 자연에 대한 이러한 새로운 견해가 요약되어 있다. 하이젠베르크 이후 어떤 미립자의 위치와 충격량의 두 물리학적 단위는 본질적으로 동시에 정확하게 측정 불가능하다는 견해가 타당성을 확보하고 있다. 왜냐하면 원자의 영역에서 하나의 현상을 측정하면, 그 측정과 동시에 항상 측정된

---

[5] 아래에 대해서는 Helga Gripp-Hagelstange: "Niklas Luhmann oder, Was ist ein differenztheoretischer Ansatz?" in: *Duisburger Beiträge zur Soziologie*, Nr. 4, 1989 를 참조하라.

현상에 변화가 따라오기 때문이다.6) 예를 들어 하나의 미립자의 위치를 관찰하고자 하면 충격량은 불명확해진다. 충격량을 관찰하려면 위치를 확인하기 힘들어진다. 위치와 충격량은 상호보완적인 것이다. 이 현실 인식에서 두 가지 견해가 생겨나게 된다. 첫째, 우리가 **무엇을** 보느냐는 그것을 **어떻게** 바라보느냐에 달려 있다. 여기서부터 자연은 최종적으로 객관적인 관찰을 불가능하게 만든다는 결론이 도출된다.7) 둘째, 소위 최종 요소들에는 어떻게 해서든 생각할 수 있는 실체성이 아니라, 에너지에 의한 작용이 관련되어 있는 것이 명확해진다. 이 에너지에 의한 작용에는 합법칙성이 주어져 있지만, 그것의 본성은 논리의 구조에 포함시킬 수 없다. 하이젠베르크는 이렇게 설명했다. "물질의 최소 입자는 존재하는 어떤 것이 아니다." 오히려 미립자는 "존재할 가능성이나 존재하려는 경향"(Heisenberg, 1959: 51)으로 이해되어야만 한다. 그러나 이 '존재하려는 경향'을 생각으로 파악하는 데에 대해서는 다음과 같은 피히트(Picht)의 주장이 통용된다. "논리와 존재 사이의 간극을 해소하려는 그 어떤 시도도 (반드시) 실패하기 마련이다. 그 간극은 해소될 수 없으며, 문제는 이것을 확인하는 데서 어떤 결론이 도출되어야만 하는가 하는 것밖에 없다"(Picht, 1981: 11).8)

---

6) Werner Heisenberg: *Physik und Philosophie*, Frankfurt a.M./Berlin/Wien, 1959를 참조하라.
7) 인식 주체에 대한 이 경험에 포함된 추측에 대해, 아인슈타인은 알려진 것처럼 부정적으로 반응했다. 사랑의 신은 주사위 놀이를 하지 않는다.
8) 인용된 논문의 다른 곳에서는 존재와 논리의 관계와 관련해서 다음과 같은 표현이 있다. "우주가 닫힌 체계이며 그러므로 마찬가지로 동일성 원칙의 지배를 받는다는 형이상학적 교의가 옳은 한, 사람들은 이 체계를 통해 논리의 법칙이 자연의 법칙과 일

하이젠베르크 이후의 자연과학자들도 '존재하려는 경향'이라는 개념의 구성으로 기술할 수 있는 현상이 전통적인 논리적 사고의 범위에서 이론적으로 추정할 가능성을 넘어선다는 점을 끊임없이 강조했다. 루만의 표현을 사용하면, 동일성이라는 원칙은 '자연의 세계'를 근본적으로 바꾼 '비개연성의 세계'에 대해서는 궁극적으로 그 형이상학적인 논증 기능을 잃어버릴 수밖에 없다. 자연계에서 우리들에게 일어나는 모든 것이 그 최종 성질에 따라 순전히 시간적으로만 이해되는 작용들의 "합치 상태"(Picht)라면 (여기서 시간은 오로지 과거, 현재, 미래라는 **차이**로서만 그 존재 양상을 가진다(위 각주 8)) 동일성은 가정해볼 수 있는 최종적인 요소가 아니며, 오히려 이론적인 추정을 위해서는 발현, 자기조직, 자기준거성 같은 개념들이 근본적으로 중요해진다. 다시 한 번 다른 식으로 표현하면 만약 (우리의 경험 가능성의 가장 기초적인 영역에서) '존재하는' 것이 전혀

치한다는 점이 보증된다고 - 가설적으로 - 전제할 수 있었다. 논리의 법칙을 따르는 진술에서 동시에 논리가 자연의 사안과 일치한다는 주장을 이끌어낼 수 있다. 왜냐하면 이 주장의 조건이 어떤 동일한 원칙, 즉 동일성의 원칙이 자연에도 사고에도 그 토대를 갖추고 있다는 형이상학의 학설로 보증받기 때문이다 (...) 정확한 학문들이 철학에서 해방되었음에도 붙들고 있는 형이상학의 이 '신성한 세계' 내에, 우리가 자연에서 만나는 모든 것 - 현상, 과정, 상태, 구조가 - 그것이 시간 안에 있다는 이유에서만 자연 안에서 나타날 수 있다는 단순한 생각이 도입된다. 그럼에도 불구하고 시간은 그것을 선형적 척도의 형태로 '도입'할 때 소개되는 것처럼, 동질적 연속체가 아니다. 선형적 척도는 오히려, 그것이 시간의 이 '그림'의 역사에서 입증될 수 있는 것처럼 하나의 투사이다. 그것은 동일성 원칙의 산물이다. 그렇지만 우리는 실제로 자연과학의 경험에서도, 끊임없이 시간의 양식의 **차이**, 즉 과거, 현재, 미래에서(필자 강조) 시간과 만난다. 그러나 미래는 열린 가능성의 들판이다. 이제 말하자면 자연의 모든 정돈된 구조의 '합치 상태'가 시간 내의 구조라면, 시간 양식의 3조는 이 구조의 구축에서 명백하게 드러나야 할 것이다."(Picht, 1981:11이하)

없고 존재하는 것으로 보이는 모든 것이 자기조직과 자기준거성에 근본적인 역할을 하는 어떤 상이한 사건들의 '합치 상태'라고 한다면, 앞 장에서 다룬 것처럼 **존재하는** 것의 형식주의로 이해되어야만 하는 논리적 도식성은 유일하게 타당한 이론적 추정 가능성이 될 수 없다. 그렇다면 우리는 어떤 다른 가능성들을 가지고 있는가? 혹은 니클라스 루만은 어떤 가능성들을 보고 있는가?

기억을 되살려보자. 이미 귄터는 이치성 논리를 통해 사고에 가해지는 제한성을 지적한 바 있다. 루만은 비록 이와 관련된 귄터의 문제 설명을 매우 충실하게 따르는 반면, 우리가 살펴보았듯이 이치성 논리를 초고전적 다치 논리를 통해 보완하자는 그의 제안을 수용하지는 않는다. 우리는 이제 루만이 이러한 태도를 취하는 이유를 거슬러 알아볼 수 있을 것이다. 루만의 입장에서 '자연의 세계'에서 '비개연적인 것의 세계'로 넘어가는 것은 무엇보다 다음 한 가지 내용을 담고 있다. 세계를 이렇게 새롭게 이해하는 데 있어 자기준거라는 개념은 '명실상부한 존재의 설명'으로 보편화되는데, 이 존재 설명은 "동시에 관찰 가능성 조건을 확정한다"(1987: 45). 이것이 핵심적으로 중요하다. 따라서 자기준거라는 개념이 명실상부한 존재의 설명이라는 개념으로 보편화됨에 따라 동시에 관찰 가능성의 조건들, 구 유럽적으로 표현하면 인식 가능성의 조건들도 새로운 방식으로 확정된다고 부연할 수 있다. 왜냐하면 이 새로운 세계관은 '주체가 객체를 생각한다'는 전통적인 사고 유형에서의 주체의 지위에 영향을 미치기 때문이다. 더구나 일시적으로 뿐만 아니라 근본적으로 영향을 미친다. 이것을 이해하려면 '주체가 객체를 생각한다'는 인식론의 기본 유형이 객체인 자연이 객체의 전혀 다름으로 이해되어 주체에 **사전에 주**

어져 있다는 가정에 의존한다는 사실을 명확히 해두어야 한다. 그 외에도, 전통적 사고에서는 자기준거성을 가질 능력이 주체에게만 인정되어 왔으며, 주체와 객체 사이에 지속적인 것으로 생각되어 왔던 바로 이 이질성이 결국 모든 인식 가능성의 조건의 토대가 되는 것이다. 그런데 객체인 자연이 더 이상 전통적으로 구상된 방식대로 주체에 **사전에 주어진** 것으로 생각될 수 없다면, 그보다는 '주체가 객체를 생각한다'는 사고 유형에서 자기준거적 작동이 **양** 측 모두의 존재 양상을 만들어낸다면, 모든 이론 형성의 인식론적 출발점이 되는 이 사고 유형의 전통적인 지위는 불확실해진다. 그렇게 되면 인식론이라는 형식뿐 아니라 존재론이라는 형식에 있어서도 철학을 끊임없이 긴장시켜 왔던 미해결 문제, 즉 이러한 사고 유형 속에서 가정해볼 수 있는 이질성 내지 가정해 볼 수 있는 주체의 우월성이 어떻게 설명될 수 있는가의 문제는 새로운 방식으로 해결될 수 있다. 또 그래야만 한다. 다시 한 번 달리 표현하면, 자연일 뿐인 주체가 전통적인 구상에 따라 그 이상이어야만 하고 그래서 자연을 외부에서 보는 것처럼 관찰할 수 있어야 한다는 모순적인 상황, 이 상황이 이제는 새롭게 고려될 수 있고 또 그래야만 하는 것이다. 루만은 이것을 새롭게 고려하는 과정에서 새로운 이론 유형을 수용하게 되었다. 아래에서 살펴보겠지만 이 유형에서는 이미 언급한 인식론적 출발 상황의 모순이 제거되지는 않지만, 근본적으로 새로운 차원에서 처리 가능해진다. 새로운 이론 유형인 이러한 자기준거적 체계 이론에 있어서 본질적인 것은 그 유형이나 이론에서 주체와 객체 간 관계에 대한 전통적인 견해가 극복되기에 이른다는 점이다. 전통적인 관념에 포함되는 양 극, 즉 한편은 주체라는 개념과 또 다른 한편은 객체라는 개념이 자기준거성이라는 개념을 살리기 위해 대체되기 때문이다. 또 다른 본질적인 면은 이 새로운 이론 유형에서는 이 새로운 세계관으로 표현되는 요소 개념의 시간화Temporalisierung를 근본적으로 진지하게 취급한다는 점이다. 왜냐하면 자기준거적 체계 이론은 (이론 그 자체를 포함하여) 주어진 모든 것이 유일하게 자기준거성을 통해서만 생겨날 수 있다는 기본 전제를 본질적인 구성요소로 삼기 때문이다. 다시 말해 "체계들이 자신들의 요소들과 그 기본적 작동들을 구성하는 데서 자신과 관계됨"(SS: 25, 2019: 38)을 통해 생겨나는 것이다. 여기에 의하면 자기준거적 체계 이론에 있어 체계란 그 체계의 '존재'가 보장되어 있으려면 지속적으로 상호 연결되어야만 하는 자기준거적 작동들의 관계망으로 이해된다. 따라서 체계의 있음은 마투라나와 바렐라에 의거해서 표현될 수 있듯이 마치 체계의 행함Tun과 같다.[9]

이렇게 본다면, 자기준거적 체계 이론은 물리학에서 얻은 최종 요소에 관한 새로운 견해를 자신의 이론 설계에 사용하려는 시도로 이해될 수 있을 것이다. 자기준거적 체계 이론은 요소 개념을 급진적으로 시간화하는 것에 기반하고 있다. 이것은 강조될 필요가 있다. 이런 점에서 이 이론은 우리의 궁극적인 출발점이 **존재한다고 하는** 객체성이 아니라고 본다. 이 이론은 오히려 과정, 자기조직, 자기준거성이라는 물리학의 경험을 이론 구조의 핵심적인 부분으로 옮겨 놓는다. 그렇게 되면 자기준거적 체계 이론에 있어서는 전통적인 의미에서의 주체도 더 이상 존재하지 않는다. 왜냐하면 **존재하는 모든**

---

9) H.R. Maturana/F.J. Varela: *Der Baum der Erkenntnis*, Bern/München/Wien, 1987: 56.

것이 연속적으로 서로 연결되는 자기준거적 작동이라면, 주어진 그 어떤 주체 관념도 더 이상 사고의 실마리가 될 수 없기 때문이다. 기존의 이론 전통에 있어 주체로 생각되었던 것은 루만의 이론에서는 "경험적으로 관찰할 수 있고 작동상 닫힌 자기준거적 체계로 대체된다"(Luhmann, 1991c: 73).

위에서 루만이 이 새로운 세계관을 자신의 이론에 통용될 수 있게 만들기 위한 어떤 가능성을 보고 있느냐는 질문이 나왔다면, 자기준거적 체계 이론들이 그에 해당하는 답변을 내놓을 것이다. 다시 한 번 강조하지만, 자기준거적 이론들에서는 그 어떤 대상도 인식해야 할 것으로 **사전에 주어지지** 않았다. 이 이론들은 또한 기반으로 삼을 수 있는 확고한 출발점도 없다. 이 이론들은 유일하게 자기준거적 관계만을 갖고 있을 뿐이다. 그리고 이 자기준거적 관계들에는 그 이론들 자체도 포함된다. 사정이 이러하다면, 이 이론들에 있어서는 근거를 따져볼 수 없는 인식론적 전제 조건들도 있을 수 없다. 이론의 관점, 즉 주도 차이는 선택되어야만 하며, 얼마나 많은 것이 혹은 적은 것이 (가령 이론 같은) 체계의 시야에 들어올 수 있는가는 어떤 주도 차이가 선택되느냐에 달려 있다. 루만은 잘 알려져 있듯이, 자신의 이론을 위해 '체계/환경 구분'을 선택한다. 이것은 루만의 말을 인용하면 "대단히 중요하고 상당한 제한 효과를 갖는 출발 토대이다. 이 때문에 체계이론은 단순히 그 어떤 다른 객체들과 차이가 나는 특별한 객체, 즉 체계들을 다루지는 않는다. 이 이론은 세계를 다루는 데서, 체계와 환경의 차이라는 특수한 차이를 이용해서 고찰한다. 따라서 일어나는 모든 일을 고려할 수 있다. ... 이것은 주어진 그 어떤 것도 빠뜨리지 않는 세계이론이다. 그러나 그것은 동시에 어떤 체계준거를 출발점으로 삼고, 특정한 체계의 입장에서 보았을 때 그 환경이 무엇인지 그때마다 정확히 지시하지 않을 수 없게 하는, (무수히 많은 다른 구분들과 비교되는) 아주 특정한 구분을 적용하는 이론이기도 하다"(Luhmann, 1988a: 292~293).

    여기서 제시된 니클라스 루만의 고려들은 '신 유럽적' 사고라고 요약할 수 있을 것이며, 따라서 새로운 이론 유형으로 표현된다. 이 새로운 이론 유형에 있어서는 인식 상황에 대한 새로운 견해가 본질적이다. 일상적인 세계에서 그리고 학문적으로도 말할 것도 없이, 인식은 보통 이미 인식하는 동작 이전에 그리고 인식하는 사람 외부에 존재하는 것으로 생각되는 어떤 것을 파악하는 것으로 이해되고 있다. 이러한 견해는 외면의 것을 내면에 모사한다는 의미에서 세계를 깊이 있고 직관적으로 파악하는 것을 말하는 것이 명확하다. 따라서 외부의 것이 어떻게 내면으로 들어오는가 하는 문제는 일찍부터 철학의 관심사였다. 서양 사상의 시초부터라 해도 좋을 만큼 그토록 오랫동안 모든 존재자의 (차이)동일성이 사고의 출발점이 되고, 따라서 인간이 우주를 이루는 전체의 구성적인 일부로 이해되어 왔기에, 이 사고 유형에 내포된 모순성은 더욱 명확히 드러나 있다. 다시 말해 인간과 인간의 인식은 나머지 세계와 분리될 수밖에 없고, 전체의 일부인 주체는 전체의 내부와 외부에 동시에 있는 것으로 생각되어야만 하는 것이다. 이 문제 상황에서 생겨나는 질문들에 대해 내려진 답변들은 다양하다. 예를 들어 플라톤에게서는 인간은 자신의 전생에서, 즉 외부에서부터 지식을 함께 가져오며, 이 지식은 인간을 자신이 그 일부가 되는 그런 것에 대한 인식에 마치 외부에서 접근하는 입장으로 옮겨놓는다. 말하자면 인식자는 자신이 전체의 일부가 되기 전에 겪은 경험을 통해 자신이 일부를 이루는 것의 대자로 변하는 것이다. 아리스토텔레스에게 있어서는 이성이 인간의 대자를 이루는 특수한 것으로서 사전에 더 강하게 전면에 부각된다. 아리스토텔레스도 당연히 모순성의 문제를 깨닫는다. 그는 논리학의 원칙들을 통해 이 모순성을 완화시키려 노력한다. 그 후의 시대에는 정신과 질료, 지성과 대상의 구분이 점점 더 성찰의 대상으로 등장한다. 토마스 아퀴나스는 분리된 것을 다시 합치는 문제를 예를 들면 다음과 같은 식으로 해결한다. 그는 한편으로 정신과 물질의 이질성을 논의의 출발점으로 삼지만, 다른 한편으로는 이성과 대상 사이의 일치점을 받아들인다. 비록 모든 인식이 원칙상 이성이 담당하는 일이기는 하지만 그 일치점을 통해 안팎의 것이 서로 만날 수 있는 것이다.

그 후에 인식 가능성의 조건들에 대한 문제에 가장 탁월한 답변은 잘 알다시피 칸트가 내렸다. 그 답변은 이런 내용이다. 외부의 것과 내부의 것은 과장된 의미에서 이해하면 전혀 서로 일치되지 않는다. 왜냐하면 감각 활동을 결합시킴으로써 Verbinden 인식 대상을 최초로 대상으로 만들어내는 사람이 바로 우리 자신이기 때문이다. 공간과 시간이라는 분류 범주를 통해 우리는 이런 식으로 구성된 객체들을 서로 관련시킨다. 따라서 객체라는 대상은 주체에 의한 구성물이다. 그것은 주체가 자신의 경험 세계 너머에 있는 것으로 추정되는 현실 속으로 말하자면 투사해 넣는 주체의 구성이다.

칸트는 앞에서 언급된 인식의 역설을 이렇게 구성함으로써 근대에 있어 방향을 제시하는 인물이 되지만, 그 역설을 해체하지는 않는다. 한편으로 '초월적 자아'라는 구성물은 기본적으로 해결이 불가능한 명제가 된다. 왜냐하면 설명되어야 할 것, 즉 경험적 자아가 자신의 외부에 있는 세계와 인식하는 관계를 맺을 수 있는 가능성에 대한 조건들이 결코 설명되지 않고 오히려 초월적으로, 따라서 설명될 수 없는 것으로서 입증되기 때문이다. 다른 한편 칸트에게서 미해결로 남아 있는 것, 즉 인식의 자기성찰성의 단순하고 규명할 수 없는 순환성은 순환논증이라는 막다른 골목에서 끝난다. 아도르노가 자신의 부정의 변증법에서 비할 나위 없이 잘 보여주듯이, 사고는 인식하는 행위를 통해 자신의 '대자'를 파악하려 하지만, 사고가 자신의 가능성을 확보하려면 결국 대자에서 본질적으로 늘 자신밖에 발견할 수 없는, 참으로 불만스러운 상황이라는 것을 깨닫지 않을 수 없는 것이다.

이 불만스러운 상황에 루만은 본질적으로 새로운 방식으로 대처한다. 그의 제안은 다음과 같다. 자기성찰성의 순환성에서 벗어날 수는 없고, 그것은 반대로 근대 자연과학의 현실 인식을 기반으로 '명실상부한 존재 양식'으로 일반화되어야 하기 때문에, 그것을 회피하려는 시도를 포기해야 한다는 것이다. 자기성찰성의 순환성은 루만의 주장에 의하면 오히려 이용될 수 있고 발전될 수 있고 그렇게 하여 순환논법에서 벗어날 수 있다고 한다. 자기준거적 체계 이론이 이 요구에 부응해서 바로 이 문제를 해결할 수 있다.[10]

---

[10] 아도르노는 부정적 변증법에서 소개된 "사고의 다른 성(性)"에서 이 동어반복을 피할 수 있는 길을 하나 발견한다. 그러나 여기서는 이 시도에 관해 자세히 다룰 수 없다. Theodor W. Adorno: Negative Dialektik, Frankfurt a.M. 1982와 Helga Gripp: Theodor W. Adorno - Erkenntnisdimensionen negativer Dialektik을 참조하라.

II. 태초에 차이가 있다.

II. 태초에 차이가 있다.

　태초에 로고스가 있었다. 이 격언으로 서양 문화가 시작된다. 우리는 이 전제에 수용된 함의들과, 이 전제로 인해 우리 인식이 해결해야 할 문제들에 관해 앞 장에서 다루었다. 이 작업에서는 구 유럽적 사고를 극복할 필요가 있다면 이 전제의 뿌리에서 분석을 시작해야 한다는 것이 중요하다. 니클라스 루만은 이것을 "이론 발전의 출발점으로서 동일성에서 차이로 방향을 전환해야 한다는 것"(ÖK: 23)으로 이해한다. 동일성에서 차이로 이론을 전환하는 것은 다른 한편 동일성 개념을 극복한다는 것을 의미한다. 자기준거적 체계 이론의 "설계"(Luhmann)는 바로 이 새로운 방향 설정을 이론 기법을 통해 실현해내는 것을 목표하고 있다. 그래서 아래에서는 이 설계를 자세히 설명하는 데에 수력할 것이다.

　첫 번째 보편적인 계기로 확인해두어야 할 것은 자기준거적 체계 이론은 그것이 어떤 분석적 성격을 가지고 있든 더 이상 어떤 사전 전제에서 출발하지 않는다는 점이다. 루만에 따르면, 그 이론은 오히려 실제로 현실에 있는 어떤 것에 기반하고 있다.[11] 그 어떤 것은 체계들이다. 체계는 물론 그것의 구성요소들이 서로 관련된 가운데 구조화된 질서 속에 있는 것으로 생각되는 자체적으로 닫힌 존재를 의미하지 않는다. 이것은 잊어서는 안 될 내용이다. 체계는 자기준거적 작동 방식들의 관계망을 뜻한다. 자신의 최종 요소를 포함하여 (차이)동일성으로서 나타나는 모든 것은 그 관계망을 통해 자체 동학으로 구성된다. 모든 것은 물론 환경에 맞서는 구분 운동을 통해 구성된다. 그러므로 체계들의 실재에서 출발한다는 것은 인식이라는 현상과 관련해 **실제적인** 환경에 인식의 **실제** 작동이 존재한다는 전제와 다르지 않다. 루만도 인정하듯이 이것은 순박하게 보일지도 모른다. 하지만 루만은 "어떻게 순박하지 않은 방식으로 시작할 수 있을까?"(EK: 13)라고 되묻는다. 결국에는 시작이 이루어진 후에 비로소 시작 자체가 성찰될 수 있다.

따라서 루만의 이론이 궁극적인 토대로 삼고 있는 것은 작동밖에 없다. 그 이론이 오직 작동만을 알고 있다면, 전통적 주체 개념도 전

---

11) 루만을 인용하자면, "다음의 고찰들은 '체계들이 있다'는 것을 전제한다. 따라서 이것들은 인식론적 의심에서 시작하지 않는다. 또한 이 고찰은 체계이론의 '단순히 분석적인 적실성'이라는 소극적인 입장을 끌어들이지도 않는다. 체계이론을 현실 분석의 단순한 방법론으로 해석하는 것은 더더욱 피해야 할 일이다. 물론 진술들은 그 진술의 고유한 대상들과 혼동되어서는 안 된다. 진술들은 진술들일 뿐이고 학문적 진술들은 학문적 진술들에 불과하다는 점도 의식해야 한다. 그러나 그 진술들은 어쨌거나 체계이론의 경우에는 현실 세계와 관련을 맺는다. 따라서 체계 개념은 현실적으로 체계인 어떤 것을 지시하며, 그 진술들의 현실적 타당성을 입증하는 책임을 떠맡는다.."(SS:30, 2019: 47)..

통적 자연 개념과 객체 개념도 이 이해와 어울릴 수 있다. 전통적 의미의 주체의 자리에, 이미 언급했듯이 경험적으로 관찰 가능하고 작동상 닫힌 자기준거적 체계가 들어선다. 그리고 전통적 의미의 객체의 자리에 체계 스스로 구분하고 구성한 체계의 환경이 들어선다. 그런 식으로 약점이 제거되고 그로써 자기준거적 체계 이론에 따라 전통적으로 개념화된 모든 존재들이 쉽게 말해 '유동적인 것으로' 생각될 수 있다면, 한 가지만 더 있으면 된다. 어떤 시작이 최소한 시작의 형태를 취할 수 있으려면 무한한 작동 운동을 중단시키는 어떤 순간이 있어야 한다. 이것은 이 작동 운동 안에 어떤 형식이 실행되어야 한다는 것을 뜻한다. 운동의 무한성 내에 형식형성 순간이 도입됨으로써 비로소 내부와 외부가 구성되며 구조가 발생할 수 있다.

 루만이 전제하는 형식 부여 순간은 구분의 작동이다. 다른 모든 형식과 마찬가지로 구분이라는 형식 또한 내부 측면(구분된 것)이 외부 측면(그 밖의 것)과 구분되는 것으로 특징지어진다. 모든 형식, 그래서 모든 구분 또한 운동의 항상성으로 이끄는 격차, 즉 위계를 실행한다. 그리고 이 격차를 통해 비로소 구조가 형성될 수 있다. 이론의 개념과 관련해서 그후에는 다음 명령만 따르면 된다. 네가 어떤 구분을 가지고 시작하고자 하는지를 결정하라. 그런 식으로 시작이 선택되면 그 다음부터는 하나의 방법론적 명령에만 주목하면 된다. 그 명령은 이론의 출발 구분이 그 구분 안에 재진입될 수 있도록 형성되어야, 즉 내적으로 처리될 수 있어야 한다는 것이다(Luhmann, 1987b: 46).

 루만이 전제로 삼는 체계/환경 구분은 바로 이 방법론적 의무를 충분히 충족시킨다. 왜냐하면 "체계는 체계와 환경의 차이가 체계 안에 재진입할 수 있도록 해주기 때문이다. 체계는 그 내부에서 체계와 환경의 차이를 지향할 수 있다. 체계는 오직 체계가 작동하고 작동이 다른 작동에 연결된다는 점에만 의존하여 이 차이를 만들어낸다. 체계는 작동을 자신의 것으로 확인하면서, 그것의 고유한 작동을 자신의 환경으로 간주하는 것과 구분하면서, 이 차이를 지향한다. 그것은 체계와 환경의 차이라는 점에서 같은 차이이면서, 순간순간 바뀌는 차이라는 점에서는 같은 차이가 아니다. 그것은 체계가 (차이)동일성으로서 작동하기 때문에, 형식으로 옮겨진 역설이다"(Luhmann, 1988a: 296). 따라서 '체계/환경-차이' 이론은 자기준거를 더 이상 이론의 특징이나 대상으로서 파악하기만 하는 것이 아니다. 자기준거 개념은 구성 유형인 이론 자체에 설치되었다. 이것은 결정적이다(Luhmann, 1987b: 46). 그러한 이론 유형에서는 근거가 드러나지 않은 인식론적 기준은 없다. 루만에 따르면 그 이론은 "자연주의적 인식론"(SS: 10, 2019: 18)에 의존한다. 그렇다면 자연주의적 인식론은 무엇인가?

1. 구성으로서의 인식

자연주의적 인식론은 칸트처럼 인식 가능성의 조건을 질문한다. 그렇지만 자연주의적 인식론은 칸트와는 달리 초월적인 종류의 모든 전제를 포기한다. 자연주의적 인식론은 그 대신 두뇌 연구 결과를 기초로 삼는다.[12] 두뇌 연구는 우리가 지각 기관을 통해 '외부의' 세계와 결합되어 있다고 느끼는 전통적이며 일상적 생각과는 달리, 두뇌가 언제나 어떤 방식으로도 환경과 접촉하지 않은 채 유지될 수 있다는 것을 보여준다. 사이버네틱스 연구자 폰 푀르스터와 생물학자 마투라나와 바렐라는 신경체계는 환경에 "구조적으로 연동되어 있으며"(Maturana/Varela) 이 점에 있어서 환경과 접촉하지만 작동상 닫힌 체계로 본다. 이렇게 연동된 상태를 통해 자극들은 환경에서부터 두뇌에 영향을 미치며 두뇌는 그것을 교란으로 경험할 수 있으며 이것을 통해 **체계구조에 고유한** 작동 방식이 동기화될 수 있다.[13] 예를 들어 감각을 설명하면 다음과 같다. 현상의 물리적인 특징은, 신경세포는 가령 하늘을 파란 색으로 부호화하지 않는다. 세포는 전적으로 양量, 예컨대 초당 광자의 특수한 양에 반응한다. 다음 단계에서 경험의 **질**은 두뇌에서 "산출算出된다"(v. Foerster). 폰 푀르스터를 인용해서 말하자면 "신경세포의 자극의 상태는 강도를 부호화할 뿐이다. 그것은 자극의 원인이 지니는 성질을 부호화하지는 않는다. (부호화되는 것은 단지 '내 육체의 이 지점에서 그 정도로 많이'라는 것뿐이며, '무엇'이 부호화되는 것은 아니다)(v. Foerster,

---

12) 자연주의적 인식론에서 출발하는 자연과학적, 정신과학적, 사회과학적 분과의 접근들에 대해서는 구성주의와 급진적 구성주의의 이름이 수립되었다. 이에 대해 Schmidt, S.J.(Ed), *Der Diskurs des Radikalen Konstruktivismus*, Frankfurt a M 1991, 13이하를 참조하라.

13) v. Foerster, H: *Sicht und Einsicht: Versuche zu einer operativen Erkenntnistheorie,* BrauSSchweig/Wieswaden, 1985, Maturana, H.R: *Erkennen:Die Organisation und Verkörperung von Wirklichkeit,* Braunschweig-Wiesbaden, 1982, Maturana, H.R.-Varela, F.J:*Der Baum der Erkenntnis*, Bern/München/Wien, 1987.

1991: 138). 이것은 옳다. 그리고 이 때문에 이 인식과 모든 감각의 인지는 더욱 놀랍게 이해된다. 시각이나 청각이나 후각이나 촉각에 상관없이, 모든 세포들은 '찰칵, 찰칵, 찰칵'이라는 언어만 알고 있을 뿐이다(v. Foerster, 1991: 138~139). 순간순간 만들어지는 지각의 성질, [예컨대 그것이 시각인지 청각인지 후각인지는,] 그 후 두뇌에서 만들어진다. 그러나 감각이 단지 찰칵이라는 천편일률적인 결과만을 우리에게 전달해준다면, 우리의 매우 풍부한 지각들과 인지들은 대체 어떻게 생겨나는가?(v. Foerster, 1991: 140).

어떻게 양을 엄밀한 의미의 특수한 성질로 변형시킬 수 있는가에 관한 이 질문에 대답할 수 있는 모든 가능성에 상관없이, 인지과학은 두뇌에서 발생하는 모든 의미가 **자기준거적이며 자기해석적으로** 구성된다는 점을 확실한 지식으로 간주한다. 인지는 푀르스터가 정식화하듯이, "현실을 계산해내는 것"이다. 이 때 '계산' 개념은 "관찰된 물리적인 존재들('객체')을 변형하고, 수정하며 분류하고, 새로이 질서 짓는 등"(v. Foerster, 1985: 30)의 작동을 의미할 뿐이다. 물론 인지 과정은 원래 의미의 실재를 창출해낼 수는 없다. 인지 과정이 '계산해내는' 것은 오히려 실재를 '기술하는 것'이다. 따라서 폰 푀르스터의 정밀한 표현에 따르면 "인지"는 "실재 기술의 산출"(v. Foerster, 1985: 31)을 뜻한다. 이제 특정한 차원의 신경 활동에서 계산된 기술, 예컨대 망막에 투사된 상이 더 높은 수준에서 다시 처리되고 그 후 이러한 과정이 반복된다면, 이 '계산 과정'은 무한한 것으로 간주되어야 한다. 외부에서 보았을 때는 이 회귀적인 과정에 하나의 '끝'이 정해질 수 있다. 오직 (자신일 수도 있는) '관찰자'가 특정한 운동성의 활동을 '최종적인 기술'로 분류하게 되면서 그 과정은 (특정한 방식으로 허구적이라 일컬을 수 있는) 최종 지점을 찾는다. 이것을 허구적이라 말할 수 있는 이유는 인지 과정이 결코 끝나지 않는 기술 계산(과 산출)의 회귀적 과정으로 파악되어야 하기 때문이다(참조, v. Foerster, 1985: 31). 이것이 지니는 인식론적 함의는 다음과 같다. 어떤 유기체도 유기체로서 자신의 환경에 대한 인지적 접근 능력을 가지고 있지 않다. 유기체는 오로지 **자체의 내적** 작동들과 상태들을 **관찰함**을 통해서만 표상들에 이르며, 그 표상들은 그 유기체에게 실재로서 나타나게 된다. 언어의 현상은 인간의 영역에서, '관찰자'가 자신의 고유한 활동이 '서술한 결과'를 특정한 방식으로 대상화할 수 있도록 만들어준다. 그래서 관찰자는 자신이 창출한 객체의 세계가 객관적이라고, 즉 자신과는 무관하게 존재하는 것이라고 말할 수 있는 것이다.

확인해두자. 앞서 개괄한 구성주의적 인지이론의 신경생리학적 측면은 실재가 '인식'의 모든 차원에서 우리에게 '그 자체로서' 닫혀 있다는 것을 말해주고 있다. 우리는 모든 것을 스스로 구성한다. 우리는 인지와 객체의 세계와 우리가 세계 **내부에서** 객관적으로 마주치는 것으로 보이는 다른 주체들의 세계를 구성한다. 그리고 이 구성은 물론 우리가 고유한 작동의 관찰자로서 이 작동과의 상호작용에 들어서는 동시에 이 상호작용에서 어떤 기술을 이끌어내는 방식으로 이루어진다. 전통적으로 인식으로 생각되는 모든 것은 근본적으로 고유한 작동의 관찰이라는 것이다. 전통적으로 인식된 것으로 파악되는 모든 것은, 바로 그 고유한 작동의 기술이다. 루만이 '인식' 대신 '관찰'을 말하고 '인식자' 대신 '관찰자'를 말한다면, 이것은 정통한 사람들끼리만 사용하는 완고한 용어 사용이 아니다. 이

용어는 인식론적 전환을 나타낸다. 이 인식론적 전환은 루만이 인지생물학의 경험을 추적한 결과 작업해낸 것이다. 인지생물학의 경험은 "인식은 닫힌 체계들만이 수행할 수 있다"(SA 5: 36~37)라고 말한다. 이 전제에서 출발하면서 작동상 닫힌 체계가 세계의 맞은편에서 외부에 상응하는 외부의 상을 그려낼 수 있다고 전제하는 것은 그 자체로 모순일 것이다. 오히려 인식의 생물학적 성질을 조건으로 본다면, 인식체계가 외부 상이라고 우리 스스로 일컫는 것은 자체 활동에 관한 관찰의 고유한 폐쇄적 작동 과정이 특별하게 구성한 것으로서만 이해될 수 있다. 루만은 이러한 역설적 결론을 "우리는 ― 천국에서 쫓겨난 것처럼 ― 실재에서 추방되어 있기 때문에 실재를 인식한다"(1988a: 294)는 말로 요약한다.

그러나 루만은 이 전제의 다음 단계에서 유아론적 입장으로 넘어가지 않는다. 실재는 그 자체를 알 수 없다 하더라도 부인될 수 없는 것이기도 하기 때문이다. 물론 관찰의 모든 작동은 실제 이루어지는 것, 즉 실재와 같은 것이 없다면 존재할 수 없을 작동이다. 구성주의와 루만은 단지, 이러한 실재가 우리에게 **인지적인** 접근을 허용하지 않는다는 점을 주장할 뿐이다.

이 지점에 이르러서, 루만이 왜 '체계/환경-차이' 이론을 개념화하는지 한 번 더 상론할 수 있다. 위에서는 이 이론이 자기준거 개념을 그 구성 형식에 직접 장치해 두었으며, 전통적 '주체/객체-구분'을 포기하는 이론이라고 말했다. 이렇게 인식이론적으로 방향을 전환하는 것은 자연과학에서 생성한 새로운 세계 이해, 즉 자기준거가 '명실상부한 존재의 설명'의 지위를 얻는 세계 이해에 기초한다. 이제 '체계/환경-차이' 이론을 선택한 루만의 결정은 인지과학의 경험을 따르는 "실재의 탈존재화"(Luhmann)에서 도출해낼 수 있다. 실재의 탈존재화를 진지하게 받아들인다면, 앞서 기술된 상황, 즉 인식의 외부에 존재하는 실재를 부인할 수도 없고 사안에 맞게 파악할 수도 없는 상황을 이론 전략적으로 어떻게 적절하게 작업해낼 수 있는가라는 질문이 제기된다. (얼마나 식별할 수 없는가라는 문제와 무관하게) '존재가 있다'라는 전제와 (주체의 단순한 성찰 전략을 나타내는) '비존재는 없다'라는 전제가 유효한 존재론적 세계관에서는, 언제나 외부의 실재를 '선택하는' 정해진 결정이 사전에 내려져 있다. 만약 누군가가 그러한 입장을 정당화한다면, 그것은 인식의 자연에 관한 생물학적 전제를 배경으로 본다면 매우 과감한 일일 것이다. 실재의 존재를 위해서도 비존재를 위해서도 결정하지 않는 선택, 양 다리를 일직선으로 뻗은 채 바닥에 앉는 자세를 수행해내는 '스파카트' 자세의 고난도 기술을 수행해낼 수 있는 것은 당연히 근본적으로 새로운 이론 구상을 요구한다. 루만의 '체계/환경-차이' 이론은 그러한 새로운 이론 개념을 나타낸다. 그 이론은 방금 언급한 발레리나의 고난도 테크닉을 수행할 수 있다. 왜냐하면 그 이론의 토대가 되는 체계/환경 구분은 홀로 '존재한다'는 외부도 홀로 '존재한다'는 내부도 없다는 전제를 함의하고 있기 때문이다. 존재하는 것은 작동 밖에 없다. 작동은 자신의 내부와 외부를 자기준거적으로 생산하며, 그것을 통해 실재의 존재와 비존재와 관련한 문제를 작동적으로 극복하려 시도한다. 현실에 대한 질문은 [이제] 인식의 대상에 대한 질문으로 이해되어 다음 단계에서 내부와 외부의 경계 긋기의 '방법'이나 인식하는 체계가 독립분화하는 방식에 대한 질문이 된다.

2. 관찰로서의 인식

인식 가능성 조건에 대한 질문이 자기준거적 체계 이론에서 인식 체계가 분화하는 '방법'에 대한 질문으로 바뀌고 우리가 인식을 자신의 작동을 관찰하는 것으로 이해해야 한다는 점을 알고 있다면 관찰은 자기 작동의 관찰로서 더 자세히 연구되어야 할 것이다. 루만은 관찰 개념을 좁은 의미에서 어떻게 사용하는가? 루만 자신은 다음의 대답을 제시한다. "관찰 개념은 자기생산 개념의 추상성 수준에서 정의된다. 그것은 어떤 구분을 적용함으로써 그 구분이 만들어낸 이쪽 면이나 다른 쪽 면을 지시하는, 특별한 유형의 작동의 단위를 표현한다. 작동의 유형에는 … 생명, 의식, 소통이 있다"(ÖK: 266). 이 인용문을 차근차근 이해하려 시도해보자.

우선 위에서 사용된 자기생산 개념을 더 자세히 규정해야 할 것이다. 루만은 자기생산 개념을 움베르토 마투라나로부터 인용한다. 마투라나에 따르면, 자기생산은 '특별한 종류의 체계, 즉 자기생산체계를 정의하는 특별한 조직'을 표현한다. "**자기생산체계**는 다음과 같은 특징들을 지닌다. **자기생산체계**는 단위들로서 격리된, 구성요소들의 생산 관계망을 구성하며, 생산된 구성요소들은 자신들의 생성 장소가 되며 자신들이 그 확장에 전문화되어 있는 생산 관계망을 그 관계망 안에서 직접 만들어낸다."[14] 마투라나가

---

14) Humberto Maturana in Krüll, M./Luhmann, N./Maturana, H.: 'Grundkonzept der Theorie autopoietischer Systeme. Neun Fragen an Niklas Luhmann und Humberton Maturana und ihre Antworten." in: *Zeitschrift für systemische Therapie* 5(1) (1987):10.

자기생산 개념을 생명체에만 국한하려는 반면, 루만은 이것을 사회적 체계에도 적용한다. 이러한 루만의 시도는 사실 자기생산의 원래 정의와 직접적인 관련이 없다. 루만 역시 그것을 알고 있다. 그 개념은 (자기생산)체계를 언급한다. 자기생산체계는 자신을 구성하는 모든 기본 단위를 바로 이 기본 단위들의 관계망을 통해 재생산하고, 그럼으로써 스스로 환경과의 경계를 형성한다. "이 원칙은 생명의 형식이든 의식의 형식이든 소통의 형식이든 상관없이 적용된다. 자기생산은 체계의 이러한 재생산 방식이다"(ÖK: 266). 따라서 자기생산을 특정한 체계의 재생산 방식으로 이해하는 것은 그렇게 구성된 체계들이 자신의 요소를 스스로 생산한다는 것, 한 번 더 정확하게 표현하면 엄밀한 의미에서 **재**생산한다는 것을 뜻한다. 재생산이라는 표현이 보다 정확한 까닭은, 루만 역시 그때마다 체계들이 반드시 경유해야 하는 요소들의 '최종' "유형"을 전제하지 않을 수 없기 때문이다(SS: 62, 2019: 103). 루만은 각각의 체계에서 더 이상 분해할 수 없는 구체적인 최종 단위를 생명, 의식, 소통이라고 말한다. 따라서 루만은 유기체와 심리적 체계와 사회적 체계라는 세 가지 상이한 체계 유형을 구분한다. 이 셋은 모두 구조적으로 서로 연동되어 있다. 말하자면 이것들은 서로에 대해 환경을 형성한다.

그러므로 자기준거성 개념이 구조의 구축, 즉 자기**조직**에 관련되는 반면, 자기생산 개념은 체계의 자기존재를 가리킨다는 것에 주목해야 한다. 그 개념이 진술하는 것은 체계의 기본 단위들이 스스로 생명을 유지하고 있으며, 요소들의 바로 이러한 '자기 스스로 생명을 유지함'이 동시에 체계 스스로 환경과 구분되며 무엇보다 스스로 체계로 구성되는 과정이라는 점이다.15) 달리 표현하면, 자기생산 체계는 자신이 혼자 할 수 있는 것 ― 그리고 해야 하는 것 ―, 즉 독자적 생명 유지와 바로 이 작동의 자기관계망 형성 과정에 힘입어 외부와 경계를 이루는 '관계망'을 발생시킨다. 말하자면 자기생산은 '정신'과 비슷하다. 왜냐하면 체계는 직전의 자기유지 과정을 통해 실행되며 생명을 유지하며 [의식]의 발생을 '야기하기' 때문이다.

우리의 출발 질문은 인식체계의 분화 방식과 관련되었다. 이 질문의 답을 찾는 과정에서 일단은 자기생산과 관찰을 구분해야 한다. 분석적 이유에서 그렇다는 것이다. 위에서 살펴보았듯이 자기생산 개념을 통해 독립분화 과정의 동학의 종류를 파악할 수 있다. 체계의 기본 문제인 자기생산적 분화 과정은 그것의 형식적 본질이 작동을 속행하는 데에 있기 때문에, 구조가 어떻게 속행을 가지고 속행을 기술할 수 있는 사건의 동학 안으로 실행될 수 있는가에 놓여 있다. 이 체계의 기본 문제는 루만의 용어로 표현하면, 어떻게 '작동상 연결 능력'을 보장할 수 있는가가 될 것이다. 루만의 자기생산체계 이론은 이 문제를 해결하기 위해 '관찰'이라는 범주를 가진다. '관찰작동'은 일반적인 구분작동의 특수 형식으로 이해되어 자기생산을 뜻하는 끝없는 과정 안으로 어떤 형식의 도입을 야기하는 순간으로 이해된다. 관찰의 특성은 그것이 모든 자기준거적 작동의 구성적인 순간(즉 내부와 외부의 구분, 자신과 타자의 구분)으로 유효해야 하는 것을 작동상 조작할 수 있는 것으로 만드는 데에 달려 있다. 왜냐하면 구분은 오로지 모든 구분을 구성하는 양 면의

---

15) 이 사고의 윤곽은 또한 체계의 '존재'는 그것의 '행위'안에, 말하자면 자기유지 운동에 있다는 것으로도 파악할 수 있다.

한 면이 다른 면과 대조되며 표현된다는 점에 힘입어 작동상 조작 가능하기 때문이다. (이것은 자연에 부합하는 원칙이다.) 그런 식으로 양 쪽의 한 면이 고정되고 그래서 확인되면서, 그 한 면이 후속 작동들로 연결 가능하다. 관찰은 "(다른 면이 아니라) 한 면의 지시를 통한 구분의 작동적 실행"(WG: 84~85, 2019: 101)으로 이해되어서, 그러한 방식의 연결 능력을 가능하게 한다. 여기서 확인할 수 있는 것은 관찰이 동일성들을 생성시키는 작동으로 이해되어야 한다는 것이다. 동일성들이 생성된다는 점에서만, 후속 작동을 위한 연결 가능성이 비임의적인 방식으로 가능해진다. 그리고 외부를 마주한 비임의적인 경계짓기를 작동들의 관계망 형성을 통해 보장하는 구조들이 그런 식으로 생겨난다. 물론 여기서는 작동으로서의 관찰과 관찰이 야기하는 것을 구분해야 한다. 그리고 이것은 중요한 점이다. **작동**으로서의 관찰은 눈 먼 것이나 다름없다. 작동은 그것이 행하는 것을 행한다. 즉, 작동은 구분과 지시만 할 뿐 다른 어떤 것도 하지 않는다. 관찰은 그것이 하는 것을 하면서, 동시에 그것의 행함에서 어떤 것이 '가시화될' 가능성을 발생시킨다. 그리고 어떤 것이 보일 수 있는 시점은 구분과 지시의 다음 단계부터이다. 그것은 그 다음 단계에서는 다시 그것이 하는 것만을 하며, 그것의 자신의 행함에 대해 '눈멀었다'. 이것이 뜻하는 것은 다음과 같다. 처음 작동에서 지시된 측면이 세계에 나타날 수 있으려면, 근본적으로 후속 작동이 필요하다는 것이다. 그것은 모든 관찰작동이 쉽게 말해, 후속하는 작동적 관찰이 있어야 한다는 명령 하에 존재함을 의미한다. 왜냐하면 그렇지 않은 경우에는 첫 번째 관찰에서 지시에 의해 세계의 어두움으로 옮겨진 빛은 즉시 바로 그 어두움으로 빨려 들어가기 때문이다. 루만이 관찰 개념이 '자기생산 개념의 추상 수준에서 정의된다'고 말하는 위 인용 지점은 이전에 제시한 고려에 비추면, 관찰과 자기생산이 직접적으로 짝을 이루는 두 차원이라는 것을 의미한다. 관찰은 특정한 방식으로 자기생산의 실에 매달려 있다. 관찰은 그것에 연결이 이루어질 때만 현재 상태, 즉 관찰이 될 수 있기 때문이다. 관찰에 연결이 이루어짐, 즉 그렇게 된다는 것은 그 자체가 자기생산을 야기한다.

요약하면 특수한 구분의 형식으로서의 관찰은 관계망이 이루어진다는 점에 묶여 있다. 이 관계망이 없으면 '구분 그리고 지시'는 효과가 없다. 여기서 **관찰자는 언제나 체계**라는 결론이 도출된다. 이것은 한 가지 중요한 점이다. 다른 중요한 것은 관찰이 형식부여 순간으로 이해되어야 한다는 점이다. 관찰을 통해 그리고 구분의 지시된 면을 통해, 다음 작동이 임의적으로 이루어지고 형식의 내부 측면에 연결되는 효과가 야기된다. 그것은 다시 관찰작동의 회귀적 관계망 형성에서 구조화된 사건맥락들이 생성하고, 그 맥락들의 경계는 그때그때 체계들에서 관찰될 수 있는 것을 제한한다. 다른 한편 관찰의 본연적 결과는 관찰체계가 적용하는 구분에 달려 있다. 유기체 영역, 예컨대 세포 사건의 차원에서는 완전히 적합/부적합 구분만 이루어진다. 반면 심리적 영역과 사회적 영역에서 구분의 가능성은 언어 매체로 인해 원칙적으로 무한하다. 남자/여자, 미/추, 부유/빈곤의 도식이나 다른 어떤 식의 도식에 따라 구분할 것인지는 원칙적으로 열려 있다고 전제해야 할 것이다. 물론 관찰작동이 가령 어떤 시점에 남자의 면面을 지시하고 여자의 면面을 지시하지 않았다면 이후에도 후속 관찰을 '확인된 대상인 남자'에 연결시킬 수 있다. 즉 여성이라는 선택은 일단은 폐기되지만, 여성이라는 현상을 구성하는 선택은 처음에만 폐기된 것이지 영원히 그렇게 된 것은 아니다. 이것은 인간의 영역에서 전형적인 체험의 '질서 형식'과 관계있다. 루만은 그것을 '의미'라고 부른다.

3. 형식으로서의 의미

관찰은 그것이 후속 작동으로 연결될 때에만 현재의 관찰일 수 있다. 또한 관찰은 현재의 관찰로 나타날 수 있으려면, 연결을 통해 '유의미하며sinnhaft 언어적으로' 구성된 영역에서 구성되는, 무수한 것으로 간주되어야 하는 구분을 가진 작동이어야 한다. 관찰은 바로 이런 속성들을 가지고 있기 때문에, 관찰과 자기생산이 내재적으로 함께 전체를 구성한다는 점을 앞에서 강조한 바 있다. 그러므로 다음의 두 가지 질문이 제기된다. 첫째, 이러한 가능성이 열려 있다는 점이 세계 안에서 어떻게 주제화되어야 하는가라는 질문이다. 둘째, 계속해서 이 가능성의 개방성이 어떻게 제한되며 처리될 수 있는지를 상세하게 밝혀야 한다. 이 두 질문은 루만의 용어학에 적합하게 정식화할 수 있어야, 난해하기로 유명하면서도 악명 높은 '복잡성 환원'을 뒤이어 질문할 수 있다.

복잡성 개념은 루만의 이론을 전체적으로 구성하는 전제이다. 이것은 다음을 뜻한다. 세계를 경험하는 것이 근본적으로 우연성을 가진다는 사실은 세계 복잡성이 무한하다는 것을 표현한다. 이러한 세계 복잡성의 무한성이 처리될 수 있으려면, 먼저 체계의 관점으로 환원되어야 한다. 추상적으로 표현하면 세계 복잡성은 체계 형성이 이루어짐으로써, 즉 내부/외부의 경계가 적용됨으로써 환원된다. 그러한 경계 긋기를 통해, 동시에 환경보다 복잡성이 낮은 동적인 맥락들이 결정화된다.

사고 과정을 정치화하고 따라서 그것을 또한 앞 장에서 다룬 것과 연결시키기 위해서는, 세계 복잡성이 항상 사전에 그리고 세계에서 단순화된 것으로만 '나타난다는' 점을 강조해야 할 것이다. 그렇다면 세계에 '나타나는' 모든 것은 특정한 구분작동, 즉 관찰작동의 결과이다. 그리고 관찰자는 우리가 보았듯이 항상 체계이다. 관찰작동은 연결될 때에만 관찰일 수 있기 때문에 그 후 세계 복잡성은 항상 체계에 의해 단순화된 형태로 '나타나기' 때문이다. 이것은 중요한 점이다. 우리는 항상 우리 스스로 구성하는 현실의 대단히 좁은 단편을 통해 외부 세계와 결합되어 있는 것이다.

이제 세계 복잡성이 체계 형성을 통해 주제화될 수 있는 범위를 이루는 형식에 주목한다면, '의미' 범주를 참조하게 된다. 물론 의미는 세계 복잡성이 처리되는 **하나의** 형식일 뿐이다. 그러나 이 형식은 의미적용 체계인 심리적 체계와 사회적 체계에서 배타적 성격을 가진다. 이 체계들은 의미를 통해 경계를 구성하기 때문에 그 체계에서는 내부와 외부에 똑 같이 의미가 존재한다. 말하자면 이 체계에서는 환경도 의미의 형식 안에서만 주어진다. 따라서 심리적 체계와 사회적 체계에서는 "의미는 세계 형식"이 되며 "따라서 체계와 환경의 차이를 포괄한다"(SS: 95, 2019: 136). 그러나 복잡성 환원의 형식 으로서의 의미를 어떻게 이해할 수 있는가?

루만에 따르면, 의미는 형식에 따라 "복잡성 재연"이다. "그리고 물론 어디에서부터 착수하든 개별적 접근을 허용하며, 그렇지만 그러한 모든 접근을 선택으로 드러내며 (그렇게 말해도 된다면) 책임을 묻는 재연의 형식이다"(SS: 95, 2019: 135). 의미 형식의 구성적 순간은 쉽게 말해, 그것이 복잡성의 환원 **그리고** 유지를 동시에 허용한다는 점이다. 루만이 기록하듯이 복잡성이 "실제적 선택 강요"(Habermas/Luhmann, 1971: 33)를 의미한다면, 유의미한 것으로 복잡성을 환원시키는 것은 선택이 특정한 형식으로 이루어져야 한다는 것을 뜻한다. 선택은 선택되지 않은 가능성이 선택된 선택으로 인해 궁극적으로 폐기되지 않는 형식으로 이루어져야 한다. 선택되지 않은 가능성은 그 순간에만 해제되며, 언제나 새롭게 현재화될 수 있다. 적어도 원칙적으로는 그렇다. 이것을 달리 말하면 다음과 같다. 첫째 세계 복잡성은 언제나 사전에 그리고 항상 체계에 의해 환원된 형태로만 나타난다. 둘째, 체계에 의한 세계 복잡성 환원은 의미의 형식으로만 이루어진다. 복잡성 환원이 의미 형식으로 발생한다면, 이러한 환원 방식의 특성은 "상상할 수 없이 높은 복잡성(세계 복잡성)이 나타나고 심리적 체계와 사회적 체계의 작동을 위해 사용될 수 있는 것으로 유지된다는 데에 있다"(SS: 94, 2019: 134).

    이제 의미가 세계 복잡성을 현현顯現시키고 심리적 체계와 사회적 체계의 작동이 처분할 수 있는 것으로 유지하는 방식이 관심을 끌게 된다. 이 연관성에서 루만이 첫 번째 기본적 사태로 보는 것은 의미가 "기본적으로 불안정적"(SS: 99)이라는 점이다. 루만은 훨씬 주체 친화적으로 표현했던 초기 작업에서, 이 전제와 관련해서 다음처럼 말하기도 한다. "체험은 운동하는 것으로서 체험된다. 그리고 우리는 초월 현상학에서와는 달리 그런 체험을 위해 **유기체적** 토대가 필요하다고 전제할 것이다"(Habermas/Luhmann, 1971: 31, 2018: 38; 저자 강조). 물론 루만은 그의 주저 『사회적 체계』에서는 유기체적 토대를 더 이상 명시적으로 전제하지 않는다. 그 대신 루만은 의미와 관련해 "단순화하는 '설명'을 시도하지 않고 기본적인 불안정성이라는 기본 사태"에서 출발해야 한다고 명시한다(SS: 99, 2019: 142). 의미의 이 기본적 불안정성은 근본적인 차이 경험, 즉 "**현재적顯在的 소여와 이 소여성에 근거한 가능성 간 차이**"(SS: 111, 2019: 157)를 경험하는 데서 표현된다. 달리 표현 하면, 모든 의미 사건은 다른 가능성들의 지시지평이 현재적으로 얼마나 주제화되지 않는지의 질문과는 무관하게, 이 지시지평 안에서 허용되는 것으로 체험된다. 이 다른 가능성은 항상 존재하며 의미를 지니며 현재적으로 주어진 모든 것과 마찬가지로 덧붙여지기 때문에, 루만이 기술하듯이 의미는 "(자신들의 상태를) 계속 교체해 나갈 것을 자기 자신에게 강요한다"(SS: 95, 2019: 113). 의미는 바로 "자기 자신의 처리"(SS: 102, 2019: 144)로 이해될 수 있다. 왜냐하면 순간적인 현재성 핵은 그것이 결속된 다른 가능성에 대한 지시 구조 때문에 계속 그의 존재, 즉 의미일 수 있기 위해서는 본질적으로 교 체를 필요로 하기 때문이다. 이렇게 의미에 미리 예정되어 있는 자기 변경의 강요가 근본적이라는 점에서, 루만은 "의미 사건의 자동성은 특히(par excellence) 자기생산이다."(SS: 101, 2019: 143)라고 표현할 수 있다. 그것은 의미가 항상 의미를 재생산하며 결코 의미가 아닌 것을 생산하지 않기 때문에, 바로 자기생산인 것이다. 물론 의미는 부정될 수 있다. 그러나 이 부정 또한 또 다시 의미와 관련되어야 한다. 혹은 더 정확히 표현하면, 의미의 부정 역시 의미를 부정하는 특수한 연관이다. 의미의 부정은 의미를 전제하거나 의미를 통해 구성된 세계의 외부가 아니라 내부에서 발생한다는 것이다. 루만에 따르면, 의미는 "부정할 수 없는, 차이 없는 범주"(SS: 96, 2019: 137)이다.[16] 주제의 맥락과 관련한 두 번째 근본 전제로서 모든 의미 사건을 구성하는, 현재성과 가능성의 기본 차이가 체험에 정보 대립 관계를 준다는 점이 중요하다. 왜냐하면 정보는 외부 자극이 체계 내의 바로 그 기본 차이를 똑같이 운동시키는 것을 통해 체계에 생성되기 때문이다. 이것은 체계가 구조를 다시 질서지음으로써 자신의 고유한 상태를 바꾸도록 자극받을 때 정보가 발생한다는 것을 뜻한다. 따라서 정보는 구조 사용을 현재화하는, 시점에 묶인 사건으로 이해되어야 한다(SS: 102, 2019: 145). 따라서 이 점에서 정보는 항상 체계의 정보이다. 왜냐하면 현존하는 구조가 없으면 논리적으로도 구조 변화가 있을 수 없기 때문이다. 정보는 또한 항상 체계 안에서 일어나는 어떤 것이다. 외부로부터는 단지 자극만 있을 뿐이다. 그것은 구조 변동을 야기 하거나 그렇지 않거나 할 뿐이다. 그러므로 체계에 대한 어떤 소식이 정보가 되느냐 되지 않느냐는 해당 체계가 '결정한다'.[17] 따라서 유의미하며 정보를 처리한다는 것은 항상 자기준거적인 체계 사건이다. 루만에 따르면,

---

[16] 이곳에서는 이 의미 개념의 인식론적 함의를 자세히 다루지 않는다. 여기서는 단지 무차이 개념들이 그것의 고유한 부정을 포함하는 것으로 특징지어진다는 점만 확인해두고자 한다. 자신의 고유한 부정을 포함하는 개념들은 다시 역설을 포함하며, 그것에서 의미 또한 역설을 포함하는 개념으로 파악되어야 한다는 점이 도출된다 (Luhmann, 1988: 42).

[17] 이 전제를 우리는 단순한 보기에서 분명하게 할 수 있다. 어떤 특수한 주식의 가치 하락이 누군가에 의해 정보로 평가되거나 평가되지 않는 것은, 그가 주식에 관심이 있느냐 없느냐 혹은 이 사실이 그에게 새로우냐 그렇지 않느냐에 달려 있다.

"보편성과 자기준거성 모두 의미의 필수불가결한 속성이다"(SS: 107, 2019: 152). 그것과 달리, 기호를 통해 내용을 채우는 것은 항상 체계들이 수행하는 두 번째 처리 동작이다. 왜냐하면 내용과 기호는 바로 그것들이 자기준거를 배제한 가운데 특정한 어떤 것을 지시함으로써 특징지어지기 때문이다. 기호에 대해서는 가능성 지평이 사라지고, 그렇지만 기호는 자신의 지평에 근거해 자신의 고유한 '존재'를 확보한다는 점에서, 의미는 루만식 논증을 따른다면 항상 모든 기호 확정을 사전에 전제하는 사태인 것이다. "의미는 모든 기호 규정의 맥락, 자신의 비대칭화의 필요조건이다. 그러나 의미는 기호로 다루어질 경우 오직 자기 자신을 위한 기호로서만, 즉 기호 기능의 불이행을 위한 기호로서만 존재할 수 있다."(SS: 107, 2019: 152). 이 논증에서 전제되고 전제되어야 하는 것은, 세계 **내부에서** 세계가 관건이 된다는 것이다. 그것은 '파악 불가능한' 복잡성으로 이해된 **세계**가 기술 가능해지고 그것을 통해 처리 가능해진다는 것이다. 세계는 의미의 형식으로 나타난다고 말할 수도 있다. 혹은 달리 말하면 현재성과 잠재성의 차이 형식, 즉 실현된 가능성과 실현되지 않은 무한한 가능성들의 차이로서 나타난다. 이 것은 전제되고 (전제되어야 할?) 사실이다. 이런 점에서 루만은 "그러므로 태초에 동일성이 아니라 차이가 있다"(SS: 112, 2019: 158)라고 말할 수 있는 것이다.

우리가 의미 구조에 관한 질문과 관련해 루만과 가장 가까운 사상가인 에드문트 후설의 전제를 자세히 살펴본다면 자료를 더 잘 이해할 수 있을 것이다.[18] 후설은 알려진 바와 같이 루만과 매우 유사하게, 우리가 세계 속의 사물에 어떻게 '존재'를 부여할 수 있게 되는지를 질문한다. 그의 대답은 간결하게 그리고 우리의 맥락에 관련해서, 모든 주관적 경험은 '지평 의식'으로 특징지어진 지시 연관성을 통해 특징지어진다는 것이다. 그것은 모든 체험이 본질적으로, 매 순간 주제화되는 대상을 떠나 다른 대상으로 주목을 돌릴 가능성을 알고 있음을 포함한다는 것을 의미한다. 따라서 모든 경험의 대상은 다른 '가능하게 된 것들의' 지평에 관련된 것으로 체험된다. 의식은 이 지평을 움직이는 것으로 그리고 근본적으로 열린 것으로 체험한다. 왜냐하면 의식이 위치를 변경할 때면 가능성들의 지평도 언제나 이동하기 때문이다. 이것은 의식을 수행하기 위한 근본적인 경계가 없다는 것을 뜻한다. 후설이 보기에, 우리는 의식이 작동하는 바로 이 끊임없는 기타 등등의 경험에서 어떤 최종적이며 삭제할 수 없는 지평이 있어야 한다는 생각을 하게 된다. 우리는 삭제할 수 없는 마지막 지평 표상을 '세계'라 명명하려 한다. 또 다른 방식으로 표현하면, 존재하는 세계의 구성으로 우리를 이끄는 것은 의미가 무한하게 발생한다는 것에 대한 경험이다. 그리고 우리가 의식의 무한한 운동성으로 인해 심연으로 추락하지 않도록 막아주는 것은 바로 이 생각이다.

---

18) 이하의 내용에 대해서는 Edmund HuSSerl: *Die phänomenologische Methode. Ausgewählte Texte I. hrsg, mit einer Einführung von K. Held*, Stuttgart, 1985, Edmund HuSSerl: *Phänomenologie der Lebenswelt. Ausgewählte Texte II. hrsg, mit einer Einführung von K. Held*, Stuttgart, 1985, Niklas Luhmann, *Einführung in die Systemtheorie*, Autobahnuniversität Band 10:Carl-Auer-Verlag, Heidelberg (KaSSette).

확인할 수 있는 것은, 후설이 이미 사물의 존재에 대한 확신이 순수한 구성이라는 점을 알고 있다는 점이다. 의식은 존재하는 것으로 자신이 해석한 세계를, 바깥의 것이 자신에게 가져다주는 재료를 가지고, '통각적이며' '개념소적' 실행을 통해 구축한다. 수용된 자료를 개념소적으로 처리하는 경험은 개념소의 실행에 마주 하는 선험적인 것으로 이해된다. '나는 어떤 것을 생각한다'는 사고 유형에서 '어떤 것'은 쉽게 말해, 내부와 외부의 주어진 것을 처리하는 것과 관련된 제3자이다. 그것은 의식의 구성이다. 후설은 이 전제를 가지고 자기만의 특수한 방식으로 칸트의 인식론적 입장을 증명한다. 이것은 매우 중요한 점이다. 또 다른 중요한 것은 다음 내용이다. 이것은 후설이 칸트의 입장을 뛰어넘는 지점이며, 칸트를 초월하는 바로 이 사고 유형이 루만과 관련해 중요하다. 의식은 한편으로는 항상 특정한 어떤 것을 지향한다. 그러나 이 특정한 것은 항상 그리고 근본적으로 다른 것의 배경에서만 주제화된다. 세계는 결코 하나의 유일한 의식 내용으로 수축되지 않는다.

후설의 이 지평 공리는 루만이 제시하는 의미 해석에서 어렵지 않게 다시 발견할 수 있다. 알려진 것처럼 루만은 의미를 뜻하는 현재성/잠재성 구분에서, 의식 수행의 근본적인 지시구조 사상은 수용하지만 주체와 관련된 모든 개념 내용은 제거한다. 루만은 세계가 모습을 드러내는 바탕을 이루는 운동구조만을 남긴다. 이 운동은 의식을 통해 또는 소통을 통해 형태를 얻을 수 있다. 왜냐하면 루만은 의미를 현재성과 잠재성을 가지고 '작업하는' "매체"의 의미로 이해하기 때문이다. 매체는 루만이 그 개념을 이해하는 것처럼, 언제나 형식 형성을 통해서만 재생산될 수 있다. 말하자면 매체는 (형식)형성을 가능하게 하는 조건을 나타낸다. 이것이 의미와 관련해 뜻하는 것은 다음과 같다. 의미, 즉 현재성과 잠재성 차이를 통해 형식(형성)이 일어날 특별한 가능성이 주어진다. 우리는 [의미의] 형성 기제로서 관찰작동이 있다는 것을 배웠으며 그래서 다음을 말할 수 있다. 의미는 관찰작동이 발생할 가능성을 만들어준다. 이 매체는 의식과 소통을 사용할 수 있다. 두 체계에서 의미는 **바로 그** 매체이다. 따라서 의미는 완전히 주체 없이도 개념화될 수 있다. 이것은 루만의 결정적인 진술이다. 그밖에도 당연한 것은 의미 개념을 새롭게 해석해야 한다는 것이다. 의미는 더 이상 주체가 세계에 표출하는 어떤 것으로 해석되어서는 안 된다. 의미는 특정한 (형식)형성의 형태를 허용하는 매체로 이해되어야 한다. 그것은 현재적으로 주어진 것을 주어진 다른 가능성을 폐기하지 않고 현재에만 시급하지 않은 것으로 드러내는 것으로 입증하는 형식을 말한다. 그렇게 이해한다면 의식체계뿐만 아니라 사회적 체계 또한 의미 매체를 사용할 수 있는 개념이 된다. 왜냐하면 소통 체계는 소통된 모든 내용이 항상 그리고 근본적이며 원칙적으로, 소통 가능한 다른 것을 지시하기 때문이다. 세계는 소통을 통해서도 결코 유일한 소통 동작으로 수축되지 않는다.

III. 생명, 의식, 소통

III. 생명, 의식, 소통

루만은 의미 개념에 대해 앞서 소개한, 차이에 기초하여 특수한 해석을 이론의 핵심에 도입한다. 그는 이 해석에 힘입어 물리적 세계에 대한 새로운 자연과학적 관점을 사회적인 것의 차원에 적용할 수 있게 된다. 루만의 이해를 수용하면, 의미는 더 이상 주체의 특수 한 능력으로서만 이해되지 않는다. 의미는 "관찰에 의해 고유한 형식을 획득하는" 특정한 "매체"(WG: 110, 2019: 130)로서 이해되어야 한다. 그렇다면, 심리적 체계 외의 다른 체계도 그것의 처리에 형태를 부여하기 위해 이 매체를 사용할 수 있는지를 검토할 수 있게 될 것이다. 이미 언급했듯이 루만은 이 검토를 통해, 유기체와 심리적 체계가 구조적 연동에 의해 사용이 허용된다는 전제에서, 소통에 기초하는 맥락이 유의미한 선택을 추구한다는 공리에 이른다.

루만이 수행하는 것처럼 자기준거적 체계 이론의 보편적인 전제를 사회적인 것에 적용하는 작업은 아래에서 다룰 것이다. 이때의 작업은 살아 있는 것의 영역, 심리적인 것의 영역, 사회적인 것의 영역 간 관련이 분명해질 수 있는 방식으로 수행될 것이다. 이러한 기술 방식에서는 이미 기술한 것과 관련해 어느 정도 중복을 피할 수 없다. 그러나 나는 그러한 중복이 복잡한 자료를 이해하는 데에 도움이 되기를 희망한다.

1. 살아 있는 것의 자기생산에 관하여

인식 과정의 생물학적 특성을 전제하고 유일하게 생물학적인 것에서 출발한다면, 가장 먼저 살아 있는 것의 속성을 질문해야 할 것이다. 우리는 급진적 구성주의자들의 대답을 추적해보았다. 게르하르트 로트의 대답은 다음과 같다. "생명체는 자기준거적이며 자기를 유지할 수 있어야 한다. 또는 살아 있는 것은 자신을 순환적으로 생산함으로써 자신과 전체 체계를 유지하는 구성요소들을 갖춘 **자기생산적** 체계로 기술할 수 있다 (...) 생명체의 구성요소나 부분 과정은 대개 매우 특수한 물리학적이며 화학적 성격을 가지고 있다. 그것은 자발적인 기관 생성을 특징으로 하는 자기조직 과정이다"(Roth, 1988: 91). 여기서, 자기조직 과정을 살아 있는 것의 특징으로 이해할 수 있다면, 이 관점은 필연적으로 동일성의 이해 가능성에 영향을 미친다. 달리 표현하면, 존재하는 모든 것이 존재의 핵을 가지고 있다는 생각을 포기해야 한다는 것이다. 이 낡은 생각에서는, 불변하는 존재의 핵이 존재와 발생의 기본 차이를 전제한다는 것을 그 정당성의 근거로 삼을 수 있다고 한다. 그것이 한 가지 중요한 사항이다. 다른 중요한 것은, 이미 다루었지만 살아 있는 체계들은 작동상 닫힌 체계들로,

따라서 자율적 체계로 이해되어야 한다는 것이다. 즉 체계 내 변화를 외부로부터 체계에 강요할 수 없다는 것이다. 오로지 체계 자신 만이 환경의 자극에 자신의 자체 구조에 합당하게 반응함으로써 변화를 계획할 수 있다. 그러나 자율적이라는 것은 자족적이라는 것을 의미하지는 않는다. 왜냐하면 자기생산체계들과 살아 있는 체계들은 여기서 기술된 접근에 따르면, 전적으로 '구조적 연동'으로 결합된 환경에 의존하고 있기 때문이다. 환경은 물론 인과적으로 체계에 영향을 미칠 수 없으며, 단지 자극을 준다는 의미에서 교란시킬 수 있을 뿐이다. 이것은 다음과 같은 보기에서 분명하게 말할 수 있다. 지나친 흡연이 폐암을 유발한다는 것은 잘 알려진 사실이지만 수많은 흡연자들이 폐암에 걸리지 않는다는 사실 또한 마찬가지로 잘 알려져 있다. 그러므로 육체는 매우 명백하게 언제나 폐쇄적인 고유 법칙에 따라 외부의 자극에 반응한다. 그렇다면 살아 있는 것의 '존재와 관련한, 이 보편적 전제는 두뇌와 의식의 관계의 이해에서 어떤 의미가 있는가?

먼저 확인해 두어야 할 것은 두뇌가 살아 있는 것의 부분으로서 유효하며 그래서 두뇌에 대해서도 기술된 특징, 즉 한편으로는 자기생산과 다른 한편으로는 환경과의 구조적 연동이 유효한 것으로 이해되어야 한다는 점이다. 달리 표현하면 두뇌는 작동적 차원에서 닫힌 체계로 이해되어야 한다. 그러나 그렇다면 이러한 자기준거적으로 닫힌 체계가 의식 '생산'을 통해 외부 세계와 접촉할 수 있게 된다는 것은 어떻게 상상할 수 있는가라는 질문이 생긴다. '정신'과 '의식'의 생성은 도대체 어떻게 생각할 수 있는가? 로트의 대답은 다음과 같다. "'정신'과 '의식'은 **특수한** 신경관계망의 (자기준거적) 자기기술과 자기해석의 상태 형식이다"(Roth, 1988: 96). '자기기술'은 "신경세포 내지는 신경다발의 상태들과 이 상태들의 관계들과 이 관계들의 관계들 사이에서 발생하는 (원칙적으로 무한한) 자기준거적 조절들로 이해된다"(Roth, 1988: 96). 달리 말하면, 신경세포의 상태들의 무한한 조절에서부터 한편으로는 바로 이 신경세포의 운동 상태를 기술하는 것이기도 하면서 다른 한편으로는 신경세포의 운동 과정이 아니라 **서술**이 중요하기 때문에 신경 과정을 초월하기도 하는 현상이 생성된다는 것이다. 즉, 신경세포 사건에서부터 두뇌의 작동들과 동일시할 수 있으면서도 동일시할 수 없는 현상이 발현한다는 것이다. 이 '세 번째' 현상이 로트에 의해 정신 내지는 의식으로 일컬어진다.[19] 이 신경세포의 자기기술 과정은 존재의 발생 과정에서 그 후 내용이 채워지고 물화된다. 언어 매체를 통해서 말이다.

확인해둘 것은 우리가 의식의 산물로 경험하는 것은 (전제할 수 있는) 외부와 무관하다는 것이다. 로트를 인용하면 우리는 "**인지적 현실**", 신경세포에 의해 구성된 현실에서 살고 있다. 이제 이 진술을 완전히 칸트의 인식론적 이해의 의미에서 이해할 수 있다면, "나는 생각한다"에서의 '나'가 자기준거적으로 분화된 인지적 현실의 상태로 이해되어야 한다는 것을 인식할 수 있을 것이다. 이것을 인식할 수 있을 때, 급진적 구성주의의 급진성이 뚜렷해질 뿐만 아니라 칸트와의 차이를 발견하게 된다. 그러므로 로트가 기술하듯이, '나'는 결코 "인지 구성자를 뜻하는 인지적 주체가 아니다. 나 스스로가 구성물인 것이다"(Roth, 1988: 97). '내'가 더 이상 현실을 구성

---

[19] 이것에 대해 다른 곳에서 언급된 Humberto R. Maturana와 Francisco J. Varela와 Heinz v. Foerster의 작업을 참조하라.

하는 (초월적) 기관으로 이해될 수 없고, 나 자신도 내적 신경 세포의 자기분화 과정의 구성물, 즉 스스로 창출해낸 표상으로 이해되어야 한다면, 현실에 대한 우리의 경험은 바닥이 없는 것이다. 형이상학적으로 말한다면, 우리는 비현실의 바다에서 헤엄치고 있는 것이다. 상상으로 만들어낸 지푸라기에 지나지 않는, 질료와 정신의 구분이나 객체와 주체의 구분을 붙들고서 말이다.

그러므로 루만은 이제 두뇌와 의식의 관계에 대한 이 구성주의적 전제를 인식의 속성과 관련해 한 번 더 구성주의적 견해로 전개시키도록 돕는 방식으로 해석한다.

2. 의식의 자기생산에 관해

루만은 두뇌와 의식의 관계에 대해 앞서 기술한 로트의 전제를, 한편의 신경체계와 다른 편의 의식체계를 엄격하게 구분하면서 수용한다. 이 둘은 자기준거적 자기생산 체계로 개념화되는데, 이 체계들은 구조적 연동에 의해 서로에 환경이 되며 이 체계들에 대해서는 이 개념을 지탱하는 그 밖의 모든 특성들이 적용될 수 있다. 그러한 체계들은 각자 외부와 관계를 맺는 방식에 따라 질적으로 구분된다. 신경세포의 활동은 자체적인 생리학적 작동 양식을 통해 전적으로 자신의 육체에 관련된다. 루만이 기록하듯이 그것은 "육체의 자기관찰 기관"(WG: 19, 2019: 25)이다. 이것과는 달리 구조적으로 두뇌에 연동된 의식은 육체의 내적인 것을, 쉽게 말해 외부로 돌린다(WG: 19, 2019: 25). 그러므로 의식체계는 육체의 고유 상태인 것으로 자신에게 암시되는 것을 외부로 돌리면서, 외부와 무관하게 자체적으로 작동하는 신경체계의 한계를 특정한 방식으로 보충한다. 루만에 따르면 "의식은 육체 과정을 세계로 해석한다"(WG: 43). 육체 과정을 세계로 해석한다는 말을 이해하려 시도해보자.

우리가 말한 것처럼 자기생산 체계는 독특하게 불안정적인 체계이다. 이것은 자기생산적 사건의 요소가 사건의 속성을 가지고 있으며 사건은 발생하는 순간 사라진다는 특징을 지닌다고 하면, 자기생산체계는 자기구성 요소가 지속적으로 재생산될 때만 존재할 수 있다는 것을 뜻한다.[20] 이제 자기생산 체계의 이러한 "역동적 안정성"(Luhmann)은 의식 현상에서 특별히 잘 실행될 수 있다. 왜냐하면 의식의 동작은 이미 일상적 판단력에서 실현되는 것처럼 결코 홀로 실행될 수 있는 것이 아니기 때문이다. 그것은 오히려 늘 다른 의식 동삭과의 관련성에 구속되어 있다. 루만을 인용하면 "의식 요소들은 [직전의] 의식 요소들을 수정하는 것으로 획득된다. 의식은 **자기변형**으로 존재한다"(1985a: 403). 루만은 재생산을 통해 의식체계를 구성하며 자기변형적이며 더 이상 쪼갤 수 없는 체계의 최종 요소를 생각이라고 파악한다. 물론 루만 스스로도 말하듯이, 생각Gedanken 개념은 일상적 이해에서의 사고Denken와 중첩되는 어떤 것으로 간주되어서는 안 된다(1985a: 406). 이제 우리는 이론적 접근에 따라 의식체계의 구성과 같은, 유의미한 개념을 어떻게 더 자세히 생각해야 하는지를 질문해야 한다. 여기서 의식체계의 구성 개념이란 생각에서

---

[20] 자기생산적 사건맥락을 고찰할 때 시간이 결정적으로 새로운 방식으로 관련된다. 이 점에 대해서는 본서의 IV장에서 자세하게 다룰 것이다.

생각을 재생산한다는 개념을 말한다. 이 질문에 답하려면, 우리는 위에서 언급한 것처럼 자기생산에 형식을 실행하는 기본 효과를 발휘하는 '관찰'이라는 작동 형식을 참조해야 한다. 알려진 것처럼, 관찰은 "'구분에 의존한 지시'의 작동"(1985a: 407)이다. 이것은 자기생산체계 이론의 맥락과 관련지었을 때 생각들이 스스로를 재생산하며, 생각들이 서로를 상호 '관찰'하는 동시에 의식체계를 구성한다는 것을 뜻한다. 즉 생각은 다른 생각들을 구분에 의존해 지시하고 그것을 그렇게 확정한다는 것이다. 루만은 지시된 생각을 '표상'이라 말하고, 그래서 관찰 자체는 '표상 떠올림'으로 표현할 수 있다. 이제 관찰이라는 작동 형식에서 한 편으로는 그 자체로는 '눈 먼'것이나 다름없는 '구분 그리고 지시'의 **작동**Operation과 다른 한편으로는 결과를 야기하는 활동으로 이해된 **관찰**Beobachtun을 근본적으로 구분해야 한다는 것을 상기한다면, 다음의 원칙이 유효하다. 처음에 야기된 표상 떠올림이 '가시화될' 수 있으려면 둘째 작동, 즉 두 번째 '표상 떠올림'이 있어야 한다. 그것은 모든 생각은 문자 그대로 모든 종류의 표상을 만들어내는 자기생산적 재생산 과정에 묶인 상태로 생각되어야 한다는 것이다. 루만에 따르면 "바로 그 때문에 의식은 존재할 수 있기 위해 체계여야 한다"(1985a: 408).

그러나 관찰을 항상 새로운 생각으로 볼 때, 생각과 관찰작동을 구분하는 성찰은 의식의 체계 특성을 보여주기만 하는 것은 아니다. 그것은 또한 관찰의 첫째 차원인 작동의 차원과 둘째 차원인 작동 결과의 가시화 차원 사이에 시간이 삽입되어 있음을 분명히 보여준다. 실제로 시간이 모든 관찰에 속하며 세계에서 '가시화되는' 모든 것이 관찰작동의 결과라면, 이것은 세계에서 나타나는 모든 사건이 일종의 회고적인 성격을 가진다는 것을 의미한다. 이것은 의식과 관련하여 어떤 결과를 구성하는 원래의 작동이 '가시화될' 때에는 언제나 이미 지나가 버린 것이라는 점에서, 루만을 인용하며 의식은 뒤를 보며 전진한다고 말할 수 있다. "의식은 마찬가지로 미래를 등지고 작동한다. 의식은 앞을 보며 작동하지 않는다. 그것은 뒤를 보며 작동한다. 의식은 시간의 흐름에 거슬러 과거로 움직여나간다. 이 때 의식은 언제나 자신을 이후 시점에서부터 본다. 그리고 의식 자신이 방금 있었던 곳에 있는 것을 본다. 의식은 자기 안에서 목표를 추구한다기보다는 자기에게 어떤 일이 일어났다는 것을 깨닫는다"(1985a: 408).

의식의 자기생산에 대한 루만식 고려의 이 결과를 '구식 사고의 유럽인'이 이해하기 어렵다면, 루만의 다음 전제는 더더욱 이해하기 어려울 것이다. 그 전제는 생각들이 서로 관찰할 때 의존하는 구분이 임의의 구분이 아니라는 것이다. 생각들은 항상 자기준거와 타자준거의 구분이라는 특수한 구분을 적용해 관찰한다. 달리 표현하면, '지시된' 생각은 관찰작동이 수행하는, 자신과 자신 아님을 구분하는 '운동'에서 '발생한다'. 따라서 다른 생각들은 루만이 기록하듯이, "(자기준거와 타자준거의) 바로 이 차이로서", 즉 **어떤 것에 대한 표상**(1985a: 409, 괄호는 필자)으로서 관찰된다. 그러나 모든 생각이 오로지 자신과 자신 아님의 차이에 힘입어 주어진다면 그것은 순간적으로 창출된 것으로 이해되어야 한다. 그렇다면 다시 의식은 미래를 등지고 과정을 진행할 뿐 아니라, 적어도 전통적 이해에 관련해 그 지위가 완전히 바뀐다. 후설의 의도성 개념이 이미 암시하듯이 의식은 이미 오래 전부터 어떤 원천적 본성을 가지고 있든, 상응하는 자극에 대해 세계로 표출되는 생각이 의식에 주어지는 것처럼 생각되어서는 안된다. 모든 생각은 그때그때 구성된다. 그리고 이러한 생각의 자기구성이 지속하는 한에서만 의식이 존재한다. 또 다른 방식으로 표현하면 생각의 생성은 어떤 식으로든 생각할 수 있는 의식의 능력에 힘입는 것이 아니다. 생각은 생각의 자기생산 능력에서 결과한다는 것이다. 자기생산은 자신의 이러한 능력을 발휘하기 위해 근본적인 결함을 필요로 한다. 그 결함이란 요소들이 사건의 속성만을 가지고 있다는 결함이다. 즉 요소들은 발생하는 즉시 사라지며, 그래서 요소가 존재하는 목적으로 삼는 것이 실재Entität까지는 아니더라도 사건 연관성의 부분으로 존재할 수 있기 위해서는 근본적으로 끊임없는 작동의 속행을 필요로 한다는 것이다.

이것은 다음과 같이 요약할 수 있다. 인과적으로 표현해도 된다면 의식은 실체들이 있지 **않기** 때문에, 달리 표현하여 '특정한' 생각이라는 것이 존재하지 않기 때문에 의식일 뿐이다. 유일하게 존재하는 것, 그것은 자기준거/타자준거의 구분 도식에 따라 지속적으로 관계망을 형성하며 실행되는 관찰의 운동이다. 모든 생각은 이 운동에서 그때그때 새롭게 창출된다. 작동적 차원에서 관찰하는 생각이 항상 본질적으로 똑같이 배제된 제3자라는 점에서, 의식이 자신에 대해 실제 행하는 것은 불투명하다.[21] 역설적으로 표현하면 의식은 그것이 존재한다고 말하는 곳에 결코 존재하지 않는다. 다시 역설적으로 표현하면 의식은 언제나 그것이 아직 존재하지 않는다고 말하는 곳에

---

21) 그것은 물론, 의도된 것이 사람들이 자기 자신에 대해 숙고할 수 없다는 것을 뜻하는 것은 아니다. 의도된 것은 단지, 모든 자기 성찰이 항상 그리고 본질적으로 문자 그대로의 의미에서 하나의 깊은-생각으로 이해되어야 한다는 것을 의미한다.

있다. 의식의 이러한 자기생산의 속성, 즉 자기준거적 작동적 폐쇄성에서 이제 루만 이론의 결정적 전제가 도출된다. 그것은 다음과 같다. **"서로 다른 의식체계들 사이에는 직접적인 접촉이 없다"**(1985a: 404). 유일하게 존재하는 것이 있다면 그것은 매개된 접촉이다. 물론 그 접촉은 소통을 통해 매개된 접촉이다. 우리는 이 접촉을 가지고 마지막에 말하지만 중요한 '사회적 체계'라는 현상에 이르게 된다.

3. 사회적인 것의 자기생산에 관하여

사회성의 '구 유럽적' 이해는 인간이 의미를 갖고 행동함으로써 서로 관계를 맺을 줄 안다는 점에 기초한다. 따라서 상호주관적 의사소통 능력은 사회가 존재하기 위해 중요한 조건으로 간주된다. 그러나 위에서 살펴본 것처럼, 심리적인 것이 서로 간에 직접적인 접촉을 할 수 없는 것으로 개념화되어 있다면, 공동체적 공존이 어떻게 가능할 수 있는지의 질문이 제기된다. 달리 표현하면 그런 식으로 자신을 포함해 폐쇄적으로 파악되는 심리적 체계들이 어떻게 상호 접촉에 들어설 수 있다는 것인가? 계속해서 질문할 것처럼 루만이 시도한 [의식체계에 대한] 특수한 정의의 내용이 사회성의 발생과 유지를 이해하는 데에 어떻게 영향을 미칠 수 있을까?[22]

---

22) 우리가 상기하는 것처럼, 의미는 심리적 체계와 사회적 체계의 관찰 작동이 특수한 형식을 부여하는 매체로서 개념화된다. 이 체계들은 현재성과 잠재성의 구분의 범위에서 세계복잡성을 처리한다. 그에 따르면, 의미는 체계에 항상 사전에 특정한 행동을 요구한다. 체계는 '가능한 것'과 구분되는 '존재'를 규정해야 한다. 루만을 인용

루만은 두 심리적 체계가 만나는 출발 시점과 상황을 '이중 우연성'[23] 개념을 가지고 다룬다. 그것은 일단 일반적으로 각 심리적 체계가 형식을 형성하며 의미를 작동하는 체계이기 때문에 다른 심리적 체계도 '다르게도 가능함'의 관점에서 자신과 세계를 경험한다는 것을 의미한다. 이제 두 심리적 체계가 서로를 만나고 각자가 자신과 다른 체계를 원칙적으로 개방된 가능성 지평 안에 들여놓은 것으로 체험한다면, 그때는 반드시 행동 조정이 필요한 상황이 발생한다. 그 상황은 두 심리적 체계가 다음과 같은 차원에서 서로 만나는 것을 의미한다. "나는 네가 실제로 무엇을 생각하는지 모른다. 그리고 너도 내가 정말로 무엇을 생각하는지 모른다. 그러나 나는 네가 원한다고 말하는 것이 아닌 다른 것을 바랄 수도 있다는 것을 안다. 마찬가지로 우리 모두는 우리에게서 '가시화되는' 것이 빙산의 일각일 뿐이라는 점을 알고 있기 때문에, 너 역시 내가 정말로 원하는 것이 무엇인지 모른다." 이런 상황은 유지될 수 없다. 상호 행동이 가능해지려면 그 상황을 구성하는 불확실성은 상쇄되어야 한다. 루만은 이 보완이 이루어지는 방법에 대해 다음과 같은 대답을 제시한다. 서로 만나는 두 심리적 체계는 상호 불투명성을 극복하기 위해 어떤 특수한 전제를 생각한다. 그들은 서로 꿰뚫어보지는 못하지만 최소한 영향을 미칠

하자면, "의미는 선택하는 일 이외의 다른 선택을 허용하지 않는다"(SS: 194, 2019: 271).

23) 루만은 우연성 개념을 다음과 같이 파악한다. "우연적인 것은 필연적이지도 불가능하지도 않은 어떤 것이다. 즉 현재 상태로 있을 수 있으며(있었고 있게 될) 것은, 다르게도 가능한 어떤 것이다. 따라서 그 개념은 다른 방식으로 존재할 가능성의 관점에서 주어진 것(경험된 것, 기대된 것, 생각된 것, 환상적인 것)을 가리킨다. 그 개념은 가능한 변환들의 지평에 있는 대상들을 가리킨다."(SS: 152, 2019: 212-213)

수는 있으며, 그들은 그 후 이 시도의 결과를 관찰함으로써 상대 심리적 체계에 관해 무엇인가를 알 수 있게 될 것을 전제한다. 우리가 추적한 것처럼 이론 설계에 적합하게 자기관찰이나 각자 체계 자체 내에서 정보를 확보하는 것으로 이해되어야 하는 상호 관찰은 타인에 관한 '지식'을 만들어내는 근거가 된다. 그리고 우리는 이 지식을 근거로 하여 사실상의 불투명성을 상쇄할 수 있다. 물론 이 지식은 단순한 구성에 지나지 않는다. 그러나 이 지식은 그때부터 실재 영역을 생성시키며, 이것은 심리적 체계들이 바닥없는 상태에서가 아니라 상호 교제할 수 있는 일종의 전망대로 기능한다. 루만을 인용하면 "그 암흑상자들이 서로 만나게 되면, 이른바 백색을 만들어낸다.그것이 아니라면 적어도 서로 교제하기에 충분한 투명성을 만들어 낸다. 암흑상자는 단순한 상정을 통해서만 실재의 확실성을 만들어낼 수 있다. 왜냐하면 이러한 전제가 타자적 자아(alter Ego)도 상정한다는 사실을 상정하는 결과를 낳을 것이기 때문이다 …… 그 체계들은 분리된 채 존재한다. 체계들은 융합되지 않는다. 체계들은 이전보다 서로를 더 잘 이해하지도 못한다. 체계들은 투입과 산출로서 '환경-내-체계'가 아닌 다른 체계에게서 관찰할 수 있는 것에 집중한다. 그리고 각각 자신들의 고유한 관찰자 관점에서 제각기 자기준거적으로 학습한다. 체계들은 자신들이 관찰하는 것을 고유한 행위를 통해 영향을 미치려고 시도할 수 있다. 그리고 그 체계들은 피드백 과정에서 그 효과를 다시 학습할 수 있다. 이런 방식으로 발현적 질서, 즉 자신을 가능케 하는 체계들의 복잡성으로 인해 제한되어 있기는 하지만 이 복잡성이 계산될 수도 있고 통제될 수도 있음에 의존하지 않는 질서가 성립될 수 있다. 우리는 이러한 발현적 질서를 사회적 체계라고 명명한다."(SS: 156~157, 2019: 218-220).

확인해두자. 루만은 사회적 체계가 상호주관성을 이루는 인간의 능력에 힘입어 생겨난다고 보지 않는다. 사회적 체계는 바로 심리적 체계들의 폐쇄성의 상관 개념으로 이해되어야 한다. 그것은 쉽게 말해 결핍, 즉 만남의 상황에서 '근본적인 상태 확실성'의 결핍과 그 귀결로 나타나는 행동 불확실성에서 발생한다. 심리적 체계들은 피차 서로 계산될 수 없기 때문에, 하나의 영역이 결정화되며, 만남은 그 영역에서 이중의 우연성 상황에서 비롯하는 불확실성을 적어도 각자 **고유한** 행동과 관련해 통제할 수 있다(SS: 157, 2019: 231). 이제 고유한 행동의 상호 통제가 각자에 대해 어떻게 일어나는가를 질문한다면, 그 대답은 다음과 같다. 통제는 '소통'을 통해 일어난다. 물론 소통 역시 구 유럽적 의미에서 화자가 타인에게 정보를 전달하는 것으로 이해되어서는 안 된다. 그보다는 루만은 소통을 독립적인 체계 사건, 즉 사회적 체계를 결정화시키는 '자기준거적 과정'으로 개념화한다. 따라서 자기생산체계 이론의 일반 전제를 사회적인 것의 영역에 이전할 때 기반이 되는 루만의 특수한 소통 개념에 대한 이해는 다음과 같이 설명되어야 한다.

루만은 소통을 '자율적 자기생산적 작동'으로 이해한다. "자기생산적 작동은 세 가지 상이한 선택, 말하자면 정보와 통보와 이해를 후속 소통의 연결을 가능하게 하는 하나의 발현적 (차이)동일성으로 묶는다"(ÖK: 267). 소통 동작은 세 가지 선택의 합성이 융합될 때와 적어도 융합되는 조건에서만 성립한다는 것을 뜻한다. 세 가지 선택이란, 첫째 통보되지 않을 수도 있었을 어떤 것이 통보할 가치가 있는 정보로 선택되고, 둘째 실행하지 않을 수 있었을 통보의 실행을 누군가가 실제 결정하고, 셋째 다른 누군가가 정신을 차리고 있지 않아 아무 것도 이해하지 못했을 수 있을 텐데도 어떤 것이 자신에게 통보되었음을 이해한다는 것을 뜻한다. 루만은 이 세 선택들이 하나의 동작으로 실행되면 소통이라 일컫는다. 개별 소통 동작은 이해/오해로 완료된다.[24] 왜냐하면 통보된 어떤 정보가 수용된다면, 그때의 정보 수용자는 이미 다른 사람이 될 것이기 때문이다. 말하자면 정보 수용자는 통보된 내용이 무엇인지 이해하지 못했더라도, 자신이 무엇인가 이해하지 못했음을 알게 되면서 고유한 상태가 바뀌었다.

그 후 소통이 어떻게 진행되는지는 더 이상 소통의 기본 요소, 구유럽적으로 말하면 소통의 개념 정의에 속하지 않는다. 루만을 인용하면, "기대되고 이해된 선택의 수용과 거부는 소통 사건의 부분이 아니다. 그것은 연결 동작이다"(SS: 204, 2019: 284). 사회적 사건의 기본 요소로 이해된 소통은 쉽게 말해 역동적 관점에서 고찰했을 때, 바로 **연결**능력을 가리킨다(SS: 204, 2019: 284). 연결**능력**이 사실이 되려면 새로운 차이가 작동적으로 진행되어야 한다. 이 차이는 수용과 거부의 차이이다. 이 차이를 진행하기 위한 전제는 루만이 소통 활동의 범위 내에서 정보수신자 역할을 하는 사람을 자아로 명명한다는 것이다. 루만의 소통 이해에서 자신에게 넘겨진 정보를 정보로 진단할 수 있는 정보의 수신자가 자아의 지위를 얻는다. 루만의 소통 활동의 자아는 정보제공자가 아닌 것이다(SS: 195, 2019: 273).[25]

---

24) 루만이 세 번째 선택을 이해/오해로 표현하는 것은 오해의 소지가 있다. 내가 보기에는, 도착했음/도착하지 않았음이라는 용어가 루만의 의도에 오히려 적절한 것으로 보인다.
25) 소통은 최종적으로 수신자에 달려 있기 때문에, 수신자가 자아로 일컬어진다. 수신자가 이해하고 스스로 소통할 때에만, 여기서 이해된 의미에서 소통이 성립한다.

이것은 다음을 의미한다. 자아는 정보와 통보를 구분할 수 있어야 한다. 달리 표현하면, 자아는 통보를 단순한 언어적 행동이 아니라 정보를 통보하는 것으로 이해 할 수 있어야 한다. 루만에 따르면 "이 마지막에 언급된 차이가 관찰 되고 추정되고 이해되고, 연결 행동 선택의 기초가 될 때, 소통이 성립한다"(SS: 196, 2019: 274). 이것에 대해서는, 정보와 통보의 구분은 구조들의 구축을 가능하게 하는 (차이)동일성이 생성될 조건이기 때문이라는 설명을 보충할 수 있을 것이다. 이것을 구체적으로 말하면 다음과 같다. 정보와 통보의 구분은 단지 소리만 교환되는 것이 아니다. 정보와 통보의 구분은 내용적으로 채워진 표출이 또한 표출로서 지각되며, 그에 의도적으로 연결을 꾀할 가능성의 조건이다. 이것이 한 가지 중요한 사항이다.

다른 중요한 사항은 어떤 정보제공자는 자신이 정보를 보내려는 사람이 단순한 소음이 아닌 정보에 직면하는 것이 실현될 것으로 기대할 수 있을 때만 소통을 시작할 것이라는 점이다. [정보 제공자인] 타자 쪽에서 그런 기대를 유지하는 것은 소통 출발의 근본적인 요소로 간주되어야 한다. 최초의 소통 실행이 완료되면, 즉 어떤 정보가 주어지고 통보되고 어떻게든 수용되었을 때, 그 다음에는 모든 후속 사건은 자아인 수신자의 수용/거부에 달려 있다. 계속해서 다음이 유효하다. 자아가 반응할 때에만, 정보에 의해 수용된 것과 소통이 어떤 지점에서 계속 진행되는지가 '가시화된다'. 루만이 기록하듯이 "소통은 말하자면 뒤에서부터, 즉 과정의 시간 진행을 거스르면서 가능해진다"(SS: 198, 2019: 276).[26] 이것은 이론구축 기술상 다음을

---

[26] 이에 대해 생각의 구성과 관련하여 앞에서 기술한 비슷한 구성을 비교하라.

의미한다. 자아가 실제 정보와 통보의 구분에 힘입어 정보 제공자의 타자의 행동을 '관찰하고' 스스로 소통하기 시작한다면, 그것이 가시화될 때에야 비로소 최초의 소통 작동은 결과를 만들어낸다. 가령 정보 제공자가 자신에게 말을 걸었다고 자아가 생각하지 않았기 때문에 정보제공자가 제시한 구분의 범위에서 그를 '관찰하지' 않는다면 제시된 소통 행위는 효과가 없다. 즉 다음 내용을 말할 수 있는 것이다. 소통이라는 **요소**는 그 자신만을 요소로 놓고 보았을 때는 두 심리적 체계가 연관된 '비가시화된' 작동과 다르지 않다.[27] 둘째 요소인 소통이 발생하도록 영향을 끼쳐 결과를 만들어내는 것은 사건이다. 바로 이것이 야기되면 그때에는 소통이라는 **요소**에서 자기준거적 **과정**이 나타난다. 이 과정은 소통의 동작이 계속해서 연결되는 과정에서 직전 소통 동작이 이해되었는지 혹은 어떻게 이해되었는지가 매순간 함께 검토되기 때문에 자기준거적이라고 말할 수 있다. 루만은 그렇게 회귀적으로 확증하는 이해 가능성과 이해 통제 과정이 발생할 때만 소통이 성립했다고 보는 것이다. 소통은 "얼마나 작든, 얼마나 덧없든 간에 하나의 과정 요소로서만 요소가 될 수 있다"(SS: 199, 2019: 276). 그러하다면, "소통에서 **상응하는 환경 상관물은 있을 수 없다**"는 점을 그것으로부터 도출할 수 있다(SS: 200, 2019: 278). 이것은 다음을 뜻한다. 소통은 의식의 능력으로 환원되어서는 안 되는 요소로서 자율적으로 발생했으며 자율적으로 재생산되는 것으로 이해되어야 한다. 소통이 자체 내에 항상 새로운 요소들이 자체 동학에 따라 생성하도록 유발하는 기제를 구축한 자율

---

[27] 물론 누군가가 말하는 것은 보일 수 있거나 들릴 수 있다. 그러나 이것은 정의에 따르면 루만이 소통에서 이해하는 것이 아니다.

적 요소라면, 소통을 통해 성립하는 관계망은 자율적 자기생산체계로 이해되어야 하는 것이다. 그렇게 구성된 체계를 루만은 '사회적 체계'라고 일컫는다.[28]

사회적 체계, 즉 소통 체계가 자율적 자기생산적 사건 연관으로 이해될 때, 이것은 인간 없이 소통이나 사회성이 존재할 수 있다는 것을 뜻하지는 않는다. 루만은 의식의 진화를 위해 소통이 필수적이었던 것처럼, 소통이 의식 없이 가능하다고 생각하지는 않는다(WG: 38, 2019: 46). 의식체계와 소통체계를 매순간 고유한 자기생산체계로 이해하는 것은 두 체계 유형이 **작동상** 서로 다르게 구성되어 있음을 의미할 뿐이다. 의식체계는 생각을 통해, 소통체계는 소통을 통해 자신의 현실을 구성한다. 루만을 인용하면 이것은 다음의 긴 설명을 참조해서 설명할 수 있다.

"의식체계들과 소통체계들이 실체적으로 분리되어 존재한다고 주장되지 않는다(그리고 반대 개념을 언급하고 배제하기 위해 그렇게 하는 것도 아니다) 그러한 체계들의 분리는 공간내에서의 사물들의 병렬과 비교할 수도 없다(그러한 비교는 공간 사물Raumdinge의 관찰자를 전제할 것이다). 그보다는 체계들의 분리는 이 체계들을 구성하는 작동들이 재생산되고 확인되는 데에 도움이 되는 회귀적 관계망들이 서로 다르면 중첩되지 않는다는 이유에만 근거한다. 그래서 체계들이 사건들을

---

[28] 루만의 정의는 다음과 같다. "항상 자기생산적 소통 맥락이 발생하고 환경에 대해 적절한 소통의 제한을 통해 경계가 이루어질 때, 사회적 체계가 성립한다. 따라서 사회적 체계는 인간으로 구성되는 것이 아니며 행위로 구성되는 것도 아니며, 소통으로 구성된다."(ÖK: 269)

공유한다 하더라도, 이를테면 언어적인 소통이 항상 복수의 참여하는 의식들에서도 사건이 되더라도, 이것은 사건이 각각의 체계들에 의해 제각기 고유한 다른 사건들과 관련하여 달리 확인되기 때문에, 체계들이 완전히 분리되어 있다는 사실에서는 아무 것도 변화시키지 못한다"(WG: 37, 2019: 45).

상호 의존하는 동시에 작동적 독립성을 가진다는 것은, 의식체계와 소통체계가 구조적 연동 개념의 모든 함의를 고려하며 구조적으로 서로 연동된 것으로 이해되어야 한다는 것을 뜻한다. 심리적 체계와 사회적 체계의 구조적 연동은 체계 자체에 대해서는 "**작동상 접근 불가능하다**"(WG: 163, 2019: 195)는 것이다. 사람들은 작동상 접근 불가능이 어떻게 발생하는지 말하거나 적을 수도 있다. 그렇지만 이것은 언제나 사전에 연동을 전제한다. 왜냐하면 개인적으로 생각되고 말해지고 기록되고 읽히는 모든 것은 개인적이며 심리적 맥락만이 **아니라** 바로 **사회적** 맥락에 착근되어 있기 때문이다. 이것이 한 가지 중요한 점이다. 다른 중요한 것은 다음의 내용이다.

바로 이러한 사회적 맥락은 개인적이며 심리적이고 생각의 작동이 발생하지 않는다면 그 자신도 존재하지 않을 것이다. 계속해서 구조적 연동은 체계 사건이 질적으로 달리 구성된 체계 사건으로 변형될 수 없음을 뜻한다. 오히려 체계 유형의 작동은 다른 체계 유형에 의해 자극으로만 경험되며, 그 후 자극받은 체계가 구조 변동을 계획하도록 유도할 수 있다. 즉, 통보되고 수용된 정보가 통보된 사람의 의식에서 어떻게 처리되는가 하는 것은 원래 의미의 소통의 영향을 받지 않는다. 사람들은 소통 노력을 통해 일종의 '세뇌'까지 시도할 수도 있다.

그렇지만 다른 사람이 실제 무엇을 생각하는지는 알 수 없으며 인과적 영향을 미칠 수 없다. 우리가 다른 사람에 대해 가지고 있다고 믿는 모든 '지식'은 그 자체가 구성된 지식이며, 보편적 의미의 지식은 아닌 것이다.

루만이 특히 자신의 저서인 『사회의 학문』에서 보여주듯이 같은 내용이 학문의 지식에 대해서도 유효하다. 주어진 시간에 주어진 사회에 존재하는 모든 '지식'은 루만이 기록하듯이, "사회체계의 구조적 연동의 전체적인 결과"(WG: 163, 2019: 195)로 이해되어야 한다. 지식의 형식으로는 "다중적인 접근 불가능성의 관계와 동시성의 관계에서 기록되어야 한다. 즉 소통과 의식의 관계와 의식과 두뇌의 관계, 그리고 두뇌와 외부 세계의 관계를 뜻한다 ......"(WG: 164, 2019: 195). 이 동시적이지만 두뇌와 의식과 소통의 각각의 자체동학적인 작동의 결과는 지식이라 일컬어지고, 배타적으로 소통체계의 범위에서 원래 모습을 유지한다. 말하자면 무엇으로 연결되며 그 후 무엇이 계속 작업될 것인지가 여기에서 결정된다. 지식이 보통 인간에서 비롯되는 것으로 귀속된다는 것은 루만에 따르면, 구조적 연동의 이러한 다단계성이 처리되는 형식으로 이해되어야 한다. 이러한 종류의 처리가 호도를 야기할 수 있다 하더라도, 그것은 또한 벗어날 수 없는 것이기도 하다. 루만을 인용하면, "학문 활동을 착각이라 말할 수 있다 하더라도, 우리는 그것을 피할 수 없고 (지각의 환상에서와 마찬가지로) 오로지 꿰뚫어볼 뿐이며 이론을 발전시키면서 그것으로부터 독립을 꾀할 수 있을 뿐이다"(WG: 165).[29]

---

[29] 이 다단계 연동이 연동으로서 우리에게 **작동적으로** 접근불가능하기 때문에, 우리는

의식체계와 소통체계 사이의 구조적 연동이 의미하는 것을 약간 더 구체적으로 생각하려 한다면, 언어 현상을 참조해야 한다.[30] 언어 현상의 연관성에서는 먼저 언어가 자아의 이해와 따라서 루만이 말하는 소통의 근거가 되는 통보와 정보의 구분을 마찬가지로 강요한다는 점을 확인해둘 필요가 있다. 왜냐하면, "언어가 사용될 때는, (단순히 지각 가능한 행동에서와는 달리) 소통적 의도를 거의 부인하기 어렵기 때문이다. 그리고 같은 순간에 그것은 막 말해진 것의 후속 소통의 대상이 될 수 있다"(WG: 47, 2019: 56). 언어는 그것을 넘어서서 고도로 세밀한 구분 능력과 의도적인 연결능력을 가능하게 하며, 이 연결능력을 통해 비로소 소통체계 내부의 복잡한 구조를 구축할 수 있다. 왜냐하면 언어가 부호화를 내용으로 하고 있다는 점에 근거해, 타자와 자아가 정보/통보 구분을 같은 의미로 처리 가능하기 때문이다. 예컨대 타자가 언어를 가지고 아버지를 지시 했을 때, 자아는 예컨대 어머니가 아니라 아버지로 이해한다. 이 토대에서 소통은 의도적이고 비우연적으로 속행할 수 있다. 이제 이 모든 것은 소통체계 내에 복잡한 구조를 구축하는 언어의 중요성을 설명한다. 그렇지만 이것이 의식과 소통을 구조적으로 연동시키는 언어의 기능을 조건 없이 설명하는 것은 아니다. 이것과 관련한 언어의 기능을 설명하려면, 루만이 언어를 어떻게 이해하는지를 보다

그것을 피할 수 없다. 말하자면 그것은 존재하는 것이 존재한다는 가능성의 조건으로 간주할 수 있다. 달리 표현하자면, 그것들은 사슬, 즉 불투명한 외부 세계 - 불투명한 두뇌 - 불투명한 의식 - 불투명한 소통이 "인지적 현실"(Roth)이라는, 그럼에도 볼수 있는 현상에서 끝날 가능성의 조건이다.

30) 이하에 대해서는 Luhmann, N, *WiSSenschaft der Gesellschaft*, Frankfurt a.M., 1990: 47이하를 참조하라.

정확히 밝혀야 한다.

루만은 매체와 형식을 구분하는 범위 안에서 언어를 정의한다. 루만은 매체와 형식을 프릿츠 하이더의 인지이론과 유사하게 다음 과 같이 정의한다. "이런 의미에서 매체는, 형식 형성을 위해 사용될 수 있는 느슨하게 연동된 모든 요소의 연관성으로서 형식 형성을 위해 사용될 수 있다. 형식은 매체가 저항하지 않기 때문에 관철되는 바로 이 요소들의 단단한 연동이다"(WG: 53, 2019: 63). 이것은 언어와 관련해 다음을 의미한다. 언어는 느슨하게 연동된 기호의 연관성으로 이해될 수 있으며, 그 연관성은 단단한 연동, 즉 문장들이 형성되는 것을 감당해낼 수 있다. 언어라는 매체는 의식을 통해서도 소통을 통해서도 형성되며, 결정적인 내용으로서 각자에 대해 작동상 고유하게 형성된다. 달리 표현하면, 언어는 생각하면서 그리고 소통하면서, 느슨하게 연동된 매체 상태를 보다 단단하게 연동되도록 영향을 미칠 수 있다(WG: 41: 2019; 49). 그러나 느슨하게 연동된 매체 상태를 어떻게 생각할 수 있는가? 루만이 이와 관련해 제시하는 대답은 그렇게 분명하지 않다. 루만은 한편으로 언어와 관련해 물질적 기반이 전제되어야 한다는 것을 강조한다. 그러나 그는 다른 한편으로 "언어는 매체로서 그 기호의 물리적인 속성에 근거하는 것도 아니고, 청자와 화자, 또는 독자나 필자의 의식 상태에 근거하는 것도 아니다"(WG: 54, 2019: 64)는 것을 강조하며, 구 유럽적 의식이 매달릴 수 있을 닻을 즉시 다시 올려버린다. "소통체계는 이미 존재하는 매체를 사용하는 것이 아니다. 소통체계는 매체를 고유한 자기생산에서 생산하고 재생산한다"(WG: 54, 2019: 64). 이것은 또한 덧붙이면, 이론내재적으로 전혀 달라질 수도 없다.

그런데도 언어라는 매체를 생산하는 것이 심리적 체계나 인간이 아니라 소통체계여야 한다는 점을 이해하기란 쉽지 않다. 루만의 이 전제를 이해하려 시도하기 전에, 이 사안에 관련된 긴 인용문을 하나 제시하겠다. 루만은 소통체계에 의한 언어 매체의 생산과 재생산이 관건이 되는 위 인용 지점에 바로 이어 다음과 같이 말한다.

"대량의 요소들의 느슨한 연동, 즉 매체로서 소통에서 구성될 수 있는, 그때 전제된 실재는 의식체계들에서 그 체계들 자체에 의해 결정된 자기생산을 가능하게 하는 작동적 연동에 존재하지 않는다. 그보다는 실재는 구조가 결정된 복수의 의식체계들이 제각기 작동상 폐쇄되어 있고, 그래서 서로와의 관계에서 우연적으로만, 일시적으로 느슨하게 연동되어 작동할 수 있다는 데에 자신의 근거를 둔다. 특히 지각 동작이 일치 가능성이 있을 때 작동상 필수적인 분리는 언어를 매체로서 구성하고 이 매체에서 그 다음에 자가 생성된 형식들, 즉 문장들을 형성할 가능성을 제공한다. 그런 일이 의식체계들의 환경에서 사회적 체계들의 고유한 자기생산을 통해 발생하면, 그것은 심리적 의식에 대해서도 어떤 구속 효과를 만드는 출발점이 될 수 있다. 적어도 말해진, 기록된, 인쇄된 낱말들의 실재를 지각 가능한 사실로서 그렇게 쉽게 부인할 수 없다는 (매우 포괄적인) 의미에서 그렇다. 하지만 의미를 관련짓는 것이 기대들이나 거부, 결정되지 않은 요동들, 몰아냄이나 망각을 낳는지, 그리고 그럼으로써 어떤 회상들과 어떤 후속 의식작동들이 다시금 전적으로 개별 의식의 사안으로 남는다" (WG: 54~55, 2019: 64-65).

내가 루만을 제대로 이해한 것이라면 루만의 의중을 다음과 같이 말할 수 있을 것이다. 토대로서의 언어는 이른바 가공되지 않은 형식으로 존재하는 것으로 전제되어야 한다. 언어는 (아직 가공되지 않은) 이 자연 형식에서 중요하지 않다. 언어는 그것이 형식 형성을 할 수 있도록 해주는 어떤 맥락에 이를 때에야 비로소 매체로서 비중을 지닌다. 그러한 맥락이 소통이다.[31] 그러므로 항상 개인이 생각하고 언어로 표현하는 것은 다른 사람이 누군가가 어떤 말을 했음을 지각할 수 있다는 점에서만 다른 사람을 자극할 수 있는 그의 능력이며 그렇게 남는다. 달리 표현하면, 위에서 이해된 의미의 소통이 없다면 모든 발화된 문장은 합쳐진 소리들을 발음하는 것에 지나지 않을 것이다. 소통, 즉 정보와 통보의 구분이 비로소 절합된 소리들을 질서 있게 정돈하도록 허용하며, 그것을 통해 자연 형식 언어에서 매체 언어가 된다. 그리고 이 매체 언어는 이제 계속해서 소통을 통해 형성될 수 있으며 심리적 체계에 영향을 되돌려줄 수 있게 된다. 이런 의미로 이해했을 때 소통체계는 사실상 언어라는 매체를 생산하고 재생산한다. 즉 소통체계는 완료되지 않은 원재료(소리)를 사용하면서, 소통체계 자신이 '어떤 것'을 '어떤 이'의 정보로 구축하면서 그 재료를 형성한다. 이 자율적 형성은 그 후 독자적인 현실을 구성한다. 그 현실, 즉 사회적 현실에 대해 의식체계들은 환경이 된다. 그 이상도 그 이하도 아니다.

이제 원래 의미에서 소통이 언어 매체의 형성에 구체적으로 기여

---

[31] 적어도 필자의 이해에 따르면, 또한 형식을 생각할 수 있다. 이 생각의 형성은 물론 소통을 통해 비로소 자신의 고유한 '형태'를 얻는다.

하는 것이 무엇인지 살펴보면 대답은 다음과 같다. 소통을 통해 의미가 생성된다.[32] 소통을 통해 발생하는 것은 '여기 그리고 지금'이라는 구체적인 규정이며, 이것은 무한한 가능성과 구분되는 것이다. 발생하는 것은 형식의 효과, 즉 현재성과 잠재성의 구분을 수립함으로써 세계 내부에 어떤 질서를 세우는 것이다. 그리고 루만은 바로 현재성/잠재성의 구분을 수립하는 것을 의미라고 본다.[33] 이 형식 형성이 소통, 즉 정보와 통보와 그것에서 도출되는 모든 것 사이에서 언어적으로 실천된 구분을 통해 일어나기 때문에, 루만은 의미 개념을 주체 없이도 개념화할 수 있고 사회적 체계를 자율적으로 의미를 사용하고 의미를 생산하는 체계로 이해할 수 있는 것이다. 이것을 통해 한편으로는 사회적인 것을 독자적인 실재로 파악하는 새로운 이해가 확보되었고, 다른 한편으로는 이전에 '사회적 동물'이 차지한 것으로 생각되었던 자리가 이제는 의미 현상에 할당되었다. 루만을 인용하면 "의미 개념은 특별한 종류의 생명체의 속성이 아니다. 의미 개념은 의미가 가진 지시의 풍부함, 즉 인간으로 하여금 의식을 소유하고 살아갈 수 있게 도와주는 사회(societal)체계들을 형성하도록 도와주는 지시의 풍부함이다"(SS: 297~298, 2019: 410).

요약하면 다음과 같다. 우리의 출발 질문은 자기 안에 갇혀 서로에게 상호 불투명한 의식 체계들이, 사회적으로 공존할 수 있도록 접

---

[32] 의미의 생성은 루만에 의해 "압축" 작동과 "확인" 작동을 통해 훨씬 더 세부적으로 도출된다. 이 책의 이 지점에서는 이 점에 대해 상술할 수 없다. 이에 대해서는 *WiSSenschaft der Gesellschaft*, 103이하와 *Soziologische Aufklärung 5*, 21이하를 참조하라.

[33] 이 책의 II.3 장을 참조하라.

촉에 들어서는 것을 어떻게 설명할 수 있는가 하는 것이었다. 그래서 우리는 다음과 같은 대답을 제시했다. 공존은 경험적 의미로 이해 했을 때, 존재하지 않는다. 사회는 바로 '주관성'과 관련해 '상호'가 가능하지 않다는 점에 대한 일종의 보충 사건으로 발생한다. 심리적 체계와 소통체계와 관련한 이론 구성의 유사성을 다시 한 번 분명히 하면, 사회성은 자기준거적 자기생산적 과정에서 생산되고 재생산되는 자율적 요소인 소통을 통해 성립한다. 상이한 심리적 체계의 상호관련지음을 뜻하는 소통은 "구분을 구분으로서 처리하는 것이며 그런 것으로서 남아 있다 — 물론 정보와 통보의 구분의 처리로서"(WG: 20~21, 2019: 26)으로 '주체/객체-구분'의 참여자들이 이 관점에서 서로 '관찰할' 때에만 소통이 성립한다. 그들이 관찰하지 않으면 소통이 아니라 지각이 일어날 뿐이다. 그 점에서 소통적 관찰도 있으며 사회적 체계 또한 관찰체계로 이해될 수 있다는 점이 도출된다. 계속해서 소통 맥락에서 작동과 관찰이 구분되어야 한다는 점이 타당하다. 정보와 통보의 구분은 작동적 차원에서 발생하는 순간 즉시 사라지는 사건이다. 이러한 사건의 작동은 사건의 소멸하는 성격에 반작용할 수 있기 위해 독자적인 소통 작동을 통해 속행되어야 한다. 작동의 속행을 통해서만, 관찰을 의미하는 '구분 그리고 지시' 안의 (소통적) 지시가 사건을 야기할 수 있다는 것이다. 이것은 다시 소통 작동 또한 그것이 선취하며 소급할 수 있는 바로 그 유형의 작동관계망 맥락에서만 가능하다는 점을 이끌어낸다. 이 소통과정에서 출발점으로 돌아온다면, 각각 다른 과정에 대해 어떤 '지식'이 발생한다. 그 지식은 이 다른 과정이 자체로 존재하거나 생각하는 것과는 무관하지만, 자아가 타자에 대한 지식으로 구성한 것과는 관계가 있다. 이 과정을 상호적이며 일반화된 것으로 생각한다면, 루만이 개념화한 것처럼 소통에 의한 구성 과정에 이를 수 있다. 이 현실 구성은 의식체계의 참여 없이 성립하지 않는다. 정보와 통보의 구분은 인지적 작동을 사용할 때에만 가능하기 때문이다. 그런데도 구성 자체는 소통 과정의 결과이다. 이 소통 과정의 모든 사건을 우리는 사회라고 부른다.

4. 생명, 의식, 소통—중간 결산

신 유럽적 사고는 인지적인 것의 본성에 관한 특수한 생물학적 경험에 기초한다. 그것은 루만을 인용해서 "인식은 폐쇄적 체계만이 수행할 수 있다"(SA 5: 37)는 문장으로 요약할 수 있다. 지각은 이미 신경생리학적 과정의 교환 상태에서 자기준거적으로 생성되고, 그래서 아주 세밀한 방식으로 어떻게든 섬세하게 생각된 모사나 재현의 의미로 외부 세계와 일치할 수 있는 구성으로 이해되어야 한다. 모사나 재현은 바로 이 인지에 기초하며, 특히 우리의 이성이 생성해낼 수 있는 모든 현상에 대해 타당하다. 그것이 그러하다면, 즉 인식의 모든 차원에서 외부 세계가 폐쇄되어 있다면, 사람들이 무엇인가를 인식했다고 말할 때 그들은 무엇을 인식하는 것인가? 혹은 또 다른 방식으로 표현하면, 우리가 인식한다고 생각할 때 어떤 일이 일어나는가? 루만은 마지막에 제기된 질문에 다음과 같이 대답한다. "모든 인지는 관찰이다. 즉 구분과 지시이다"(WG: 523, 2019: 626). 이것은 다음을 의미한다. 우리가 우리의 인식에서 진단하는 모든 것은 우리가 세계를 그것이 무엇이든 상관없이 구분을 가지고 '절개한다'[34]는 데에 기반한다. 우리는 차이를 적용함과 그때그때 실행한 구분의 다른 면이 아니라 실행한 면을 지시함으로써 동일성들을 생성시킨다. 즉 동일성들은 우리가 그때부터 세계의 '존재하는 것으로서' 직면할 수 있는 것으로 생성되는 것이다.

앞서 살펴보았던 것처럼, 관찰작동 그 자체는 환경의 관점에서 보았을 때 '눈먼' 작동이다. 관찰작동은 자신이 행하는 것을 행할 뿐 그밖에는 아무 것도 하지 않는다. 관찰작동이 현실 적실성을 가지려면, 회귀적으로 관련을 맺는 같은 유형의 후속 작동을 필요로 한다.[35] 이러한 회귀적 상호 처신은 원래 의미에서 지시를 가능하게 하는 매체가 존재해야 한다. 이 매체는 '이항 도식화'이거나 '이항적 부호화'이다. 루만은 그 도식이 이미 신경생리학적 차원에서 작용하는 것으로 생각되어야 한다고 본다. 심리적 영역과 사회적 영역에서 언어는 예/아니오 부호를 통해 수용과 거부의 가능성을 준비해주는 매체이다(SA 5: 45).

인식이 서로 다른 차원과 각자의 차원에서 각각 자기준거적-폐쇄적으로 진행되는 **고유한** 작동의 관찰을 뜻한다면, 이 상황과 관련하여 아직도 '인간'이라는 말을 사용할 수 있는가라는 질문이

---

[34] "세계는 (그것이 무엇이든 간에) 어떤 구분을 통해 그것이 절개되는지에 따라 그로 인해 노입된 관찰과 기술을 상이한 방식으로 교란시킨다고 전제되어야 한다"(WG: 93, 2019: 110).

[35] 회귀성의 개념 정의와 관련해서는 다음이 옳다. "회귀성은 같은 유형의 연결 작동의 연결을 위해 작동들의 결과를 출발점으로 삼는 것을 뜻한다. 그것이 가능해지면 일종의 개방적인, 목표를 지향하지 않는 절차에서 안정적인 고유 상태를 모색하는 체계가 형성된다"(WG: 321, 2019: 385-386).

제기된다. 알다시피 루만의 대답은 '아니오'이다. '인간'은 존재하지 않는다(SA 5: 53). 모든 구 유럽적이며 철학적 개념 함의를 배제한다면 존재하는 것은 자신의 있음/행함의 여러 차원에서 각각 고유한 동학으로 '자신의' 인지적 현실을 구성하는 어떤 것이다. 구성, 그 후에도 존재하는 것, 그것은 루만이 기록하듯이 대략 50억의 심리적 체계들(SA 5: 54)이며, 그들은 50억 개의 세계관을 만들어낸다고 말할 수 있을 것이다. 그렇다면 두 가지 현상이 설명되어야 한다. 첫째, 어떻게 약 50억의 심리적 체계의 세계관이 그래도 서로 조정되어 공동생활이 가능한가라는 질문을 설명해야 한다. 둘째, 앞선 정의에 따라 세계와 조율 불가능한 무한한 다른 구성들이 그렇게 안정적으로 나타나며, 그래서 포괄적인 의미에서 어떻게든 어울리는 것으로 나타나는 것은 놀라운 현상이다. 루만은 '인간'이 '세계'와 마주하고 있는 것으로 전제하는 구 유럽적 이론 개념은 이 두 질문에 만족스런 대답을 주지 못한다고 단언한다. 달리 표현하면 인식의 자연과 관련하여, 초월적인 전제로부터 출발하지 않고 생물학적이며 경험적인 지식에서 출발한다면 이 출발 상황은 위에서 제기된 질문의 답을 찾기 위해 새로운 방식을 이론을 디자인할 것을 요구한다.

그러한 새로운 이론 설계를 나타내는 루만의 '체계/환경-이론', 즉 이론의 첫째 단계에서 우리가 그동안 '인간'이라고 배웠던 것은 해체된다. 루만의 이론 설계는 인간을 생명의 사건, 심리적 사건, 그리고 소통적 체계 사건의 '공존 상태'로 이해하면서, 인간의 있음/행함의 상이한 차원에서 상호 결정짓지 않는 서로 다른 과정이 진행된다는 점을 분명하게 제시했다는 점에서 인식의 경험적 성질과 관련된 출발 전제를 고려한다. 그 후 '구조적 연동' 개념을 통해 세계를 체험하고 인지하는 두 차원을 마찬가지로 파악할 수 있는데, 이때 한편으로는 인간의 있음/행함이 나타나는 [생명, 의식, 소통]의 세 차원에서 작동상 폐쇄성이 엄존한다는 것과 다른 한편으로는 이 세 차원이 상호 의존한다는 것을 파악할 수 있다. 루만의 접근에서는, '인간'을 세 가지 자율체계들로 설명하고 있다. 즉 인간은 자율적으로 **그들의** 환경에 관련해 **그들의** 정보를 제각기 스스로 생성하는, 구조적 연동으로 서로 결합되어 있는 자율체계들[의 연동]이라는 것이다.

이 설명은 처음에는 구 유럽인들이 혼란스럽게 느꼈던 루만의 전제를 설득력 있게 만든다. "인지 과정들 ..., 특히 생명, 의식, 소통에 대한 수많은 경험적 토대가 있다"(WG: 523)[36)]는 루만의 전제는 이 설명으로 인해 설득력을 얻는다. 왜냐하면 고유한 작동의 관찰이, 그리고 여기서 소개된 접근의 의미에서 인식이, 인간의 있음/행함의 세 차원 각각에서 일어나기 때문이다. 그리고 그 때문에 인식을 '인간'의 속성으로 돌리는 것은 일상세계에서는 회피할 수 없지만, 적어도 이론적으로는 구성으로서 이해되어야 한다. 그것은 구성이라고 간파

---

36) 루만 입장을 분명하게 하기 위해서는 다음 인용이 도움이 될 것이다. "그것에 따르면, 인식은 관찰과 관찰을 표현하는 작동을 통해 (기술) 생산된다. 그것은 관찰의 관찰과 기술의 기술을 포함한다. 관찰은 어떤 것이 구분되고, 구분에 의존하여 지시될 때에는 언제나 일어난다. 그 개념은 체계의 자기생산 형식에 대해서는 무관심하다. 말하자면 작동 형식으로서 생명이나 의식이나 소통이 사용되는지에 대해서 무관심하다. 그것은 또한 기록(기억)의 형식에 대해서도 무관심하다. 생화학적 기록일 수도 있고, 문자로 기록된 텍스트일 수도 있다. 그러나 관찰과 기술은 그 자체로 항상 자기생산적으로 가능한 작동이어야 한다. 그것은 말하자면 생명(활동의) 수행이나 실제 의식이나 소통이어야 한다. 왜냐 하면 그렇지 않으면, 그것은 인식하는 체계의 폐쇄성과 차이를 재생산해내지 못할 것이기 때문이다. 말하자면 그것은 체계 '내부'에서 일어날 수 없기 때문이다."(EK: 14이하)

될 수 있는 구성이다. 분명하게 본다면 말이다. 루만의 사상을 추적해보면, '인간'이 어떻게 이러한 구성에 진화상 도달했는지, 또는 '인간'에게 인식을 귀속함이 어떻게 진화상 실현되었는지도 간파할 수 있다.

루만은, 다른 사람이 바로 '그렇게 특정된' 다른 사람으로 이해되는 것은 소통 현상에 근거한다고 주장한다. 보다 정밀하게 말하면, 그 근거는 정보의 통보에서 정보를 구분해낼 수 있는 진화상 결정화된 능력에 있다. 이 구분이 결정화되었다면, 그것을 통해 과거의 소통으로 기술되었던 것이 발생할 뿐 아니라, 자기가 비로소 자기로서 경험 가능하게 해주는, 너와는 다른 사람도 생겨난다. 또 다른 방식으로 표현하면, 타자가 어떤 정보를 통보한다는 것을 자아가 이해할 수 있다면 그것에서 직접적으로 도출되는 다음 단계는 통보와 통보자를 구분하는 것이며, 그 구분을 통해 다른 사람은 어떤 행위의 주체로 생성된다고 표현할 수도 있다는 것이다.

통보와 통보자를 구분하는 것에서 그 후 자연적으로 둘째 구분인 주체와 객체의 구분이 전개된다(SA 5: 56).[37] 그 다음에는 소통 속행을 위해서는, "(주체와 객체의) 구분이 기능하기만 한다면 주체와 객체에 대해 각각 일종의 '블랙박스' 개념만 있으면" 충분하다. "사람들은 참여자로서의 고유한 구성없이 참여할 수 있으며, 이것을 소통 참여를 진행하는 가운데 진척시킬 수 있다. 사람들은 주체 '내부'에서 무엇이 진행되는지 알 필요가 없다. (그리고 이것을 또한 결코 알 수

---

37) 이에 대해서는 또한 Luhmann, N. *WiSSenschaft der Gesellschaft*, Frankfurt a.M., 1990: 18이하를 보라.

없기도 하다.) 또한 사물의 (그 자체로 무한한) '본질'을 알 필요도 없다. 소통 속행을 위해 필연적인 조건들만 충족되면 된다"(SA 5: 56).

진화상으로 보았을 때, 정보/통보의 기본 구분이 충분히 '충족'된다면, 또는 세계로 오는 모든 것이 정보와 통보의 기본 구분에서 발현하는 구분인 주체와 객체의 블랙박스 개념을 '충족'시키는 것으로 이해된다면, "우리가 인식이라고 알고 있는" 것은 사실상 "소통체계인 사회의 생산물이다. 의식은 제각기 현재적으로, 그러나 늘 최소한의 단절을 유지하며 이 소통체계에 참여한다"(SA 5: 54). 그렇다면 소통이 생성된 것이나 정보와 통보의 구분이 생성된 것은 '그리고 그들은 서로 다름을 알아보았다'는 기록의 출발점이 되었던 '인류 타락'으로 간주되어야 한다. 말하자면 태초에 다시 한 번 차이, 즉 정보와 통보의 차이가 있었다.[38] 이것은 이번에는 소통의 관찰함과 사회성과 관련한 차이이다. 계통학적으로 뿐만 아니라 피아제의 작업이 근사하게 보여주듯이, "처음에 정보와 통보의 차이가 있었다." 쉽게 말해 소통이 존재 발생적으로도 유효하다면, 위에서 제기된 개인적 세계관들의 상호 조정에 대한 물음이 의미를 상실하게 된다. 왜냐하면 개인적 세계관은 우리가 구 유럽적 사고에 익숙해있는 것처럼, 구성적으로 그렇게 개인적으로 성립된 것이 아니기 때문이다. 그것은 오히려 처음부터 사회적으로 형성되었다. 구 유럽적 표현을 사용하면 언제나 상호 주관적으로 조정되었다.

---

[38] 루만은 왜 모든 그것의 결과 현상과 함께 소통에 이르렀는지의 질문에 대해 정보와 통보의 구별의 "진화론적 관철"이 입증되었다는 대답을 돌려준다(SA 5: 56). 그러나 루만 스스로도 이 대답이 충분하다고 생각하지는 않았던 것으로 보인다. 그에 대한 위로로 볼수있는 것은, "이것이 어떤 **구분**에 의해 주장된다는 점이다"(SA 5: 56).

이제는 위에서 제기된 두 질문 가운데 두 번째 질문에 대답해야 한다. 정의상 외부 세계로 '나가지 못하는' 인식이, 그렇게 나가지 못하면서도 구 유럽인들이 인식의 진보에 열광할 수 있는 한에서 기능하고 있는 것을 어떻게 이해해야 하는가? 다른 질문을 하나 삽입하면, 체계의 작동적 폐쇄성을 배경으로 인식 개념의 자리를 정해야 한다면 도대체 그 개념에 아직도 남아 있는 것이 무엇인가? 루만의 대답은 다음과 같다. "인식은 자신의 환경에 마주해 닫힌 (그렇지만 자체적으로 '갇힌') 체계의 분화에 기초한 조합된 획득물이 실현된 것이다"(SA 5: 41). 여기에 함의된 결정적인 내용을 달리 표현하면 다음과 같다. 구 유럽적 개념으로 '인식'이라는 것은 외부의 영향을 벗어나서 체계가 작동으로 만들어내는 "조합 가능성의 곱셈"(SA 5: 51)에서 구성된다. 루만의 관점에서는 말이다. 최종적으로, 복잡성이 점증하면서 체계들은 일종의 "고유 상태"(SA 5: 45)를 확보할 수 있다. 이 상황을 구 유럽적 언어로 표현하면, 체계들은 의미지평을 구성하며 무엇보다 모든 새로운 구성을 정당화해야 한다. 이것은 다맥락영역적 polykontextural 상황이다. 이렇게 구성된 '고유 상태'는 진화상 입증에 따라 좌우되는 문제로 이해되어야 한다. 그리고 그것을 통해 우리는 외부 관련이 부재한데도 인식이 어느 정도 성공적인 것으로 입증될 수 있었고 입증될 수 있는지에 관한 위의 질문에 대답할 수 있다.[39]

---

[39] 관찰 작동은 실제 세계 내의 실제 과정이기 때문에, 말하자면 그것은 항상 이 환경의 제한 하에서 진행하기도 하기 때문에, "어떻게 체계가, 그러한 **제한**을 **고유한 복잡성 상승의 조건**으로 변형하는지의 질문이 제기된다. 인식의 **비임의성**은 그렇다면 바로 진화론적으로 통제된, 이 변형 과정의 **선택성**이다. 그것은 환경으로 나아가는 체계의 작동, 즉 낡은 의미의 인식을 전제로 하지 않는다. 그 대신 우리는 제한을 상승 가능성의 조건으로 변형시키는 과정에서 나오는 모든 것이 해당 체계에서 인식이

체계는 적합/비적합과 관련해 알려지지 않은 외부와의 관계에서 특정한 관용의 문턱을 넘어서면, 그것의 환경과 함께 붕괴한다. 그러나 그것과 함께 '세계', 즉 "표시되지 않은 공간"이 붕괴하는 것은 아니다. 관용의 문턱은 어디에 있는가? 이 질문은 어떤 문제를 가리킨다. 그러나 이 질문은 동시에 루만식 접근의 인식 잠재력을 분명히 보여주는 계기가 될 수 있다.

우리가 인식론적으로 그리고 일상생활에서 인지적으로 세계를 확정할 때 출발점으로 삼는 전통적 '주도 차이'는 주체/객체 구분이다. 루만이 세계를 '절개할 때 사용하는' 주도 차이는 체계/환경 차이다. 주체/객체 구분과 체계/환경 차이 모두 각자의 대원칙의 구분 아래 인지적 현실을 구축할 수 있는 구분이다. 그러나 둘 다 특수한 명령들을 지닌다. 여기에 인간이 있고 저기에 인간이 인식할 수 있는 세계가 있다는 대원칙 하에 인지적 현실이 구축된다면, 이 사고 유형에서 지식을 뜻하는 것으로 매개되어 우리의 세계 이해와 관련된 확실성은, 인지의 속성이라는 바로 이 세계와 관련된 인지과학의 경험을 따르면 매우 허구적인 이 세계 내부로 옮겨지게 된다. 이 허구적인 의미 지평은 주체/객체의 주도 차이에서 출발하는 생각의 범위에서는 피해갈 수 없지만, 체계/환경이라는 주도 차이로 시작하는 범위에서는 피할 수 있다. 체계/환경의 주도 차이의 생각은 주체를 해체하고 소통의 인공물로 입증하면서 체계준거를 교체할 수 있다는 것이다. 세계를 대면하는 것으로 생각되는 주체의 자리에,

---

라는 것을 전제해야 한다."(SA 5: 52), 이것에 대해서는 또한 WG: 113이하, 2019: 129이하를 보라.

그렇게 말해도 된다면 자신을 포함하는 것은 물론 세계의 모든 것을 자기생산적으로 생성하는 소통 과정이 들어선다.

그러나 이것을 통해 이 세계에는 확실성의 정확한 반대, 말하자면 인간과 세계의 관계와 관련한 근본적인 심연이 들어선다. 우리가 아는 모든 것이 소통체계인 사회의 생산물로 이해된다면(SA 5: 54), 속칭 모든 인식은 근본적으로 벗어날 수 없는 직전 사건에 붙들린 것으로 이해된다. 인식이론가를 포함해 이런 상황을 성찰하려 시도하는 누구나, 루만의 말처럼 '미로 속의 쥐'와 같은 존재가 되며 "어떤 곳에서 다른 쥐들을 관찰할 것인지 성찰해야 한다"(EK: 24).[40] 그러나 실험 상황에 처한 미로 속의 쥐와는 달리, 인간은 자신이 처한 상황을 미로라고 자리매김하는 것으로써 그 상황을 파악할 수 있다. 출구는 있다는 것이다. 우리는 우리 지식이 궁극적으로 지식이 아니라는 것을 알 수 있다. 그러나 그렇다면, 즉 인지적 현실과 현실적 현실을 파악하지 못하는 우리의 무능력과 관련하여 존재하는 관용의 문턱을 우리가 본질적으로 알 수 없다는 것을 동정적 의미에서 현재화할 수 있다면, 세계에 대해 다른 생각을 발전시키는 것이 가능하다고 말할 수 있다. 우리는 가령 루만의 조언을 따를 수 있다. 우리는 그래서 "소통을 조직의 내부와 외부에서의 '통제의 환상'을 유지하는 데 고정시키는 대신, … 무지에 대한 소통에서부터 소통을 시작할 수 있다"(BdM: 211~212).

---

[40] 그것을 통해 물론 관례적으로 전제된 인식론의 지위가 바뀐다. 인식론은 더 이상 학문의 기초로서 이해될 수 없다. 그것은 바로 그러한 토대의 반대로 이해되어야 한다. "그것은 인식의 불확실성을 성찰하며 **그것에 대해**(필자 강조) 이유를 제시한다"(SA 5: 58).

루만의 제안이 현실적인지 아닌지는 더 이상 논의하지 않겠다. 우리 맥락에서는 자기준거적으로 생성된 우리의 세계 초안들이 '표시되지 않은 공간'을 의미하는 세계와 일치하는지의 질문에 대한 대답이 탁상공론이나 부분적 조명에 힘입어서가 아니라 진화의 틀 안에서 결정된다는 점만 확인해두자. 이 때 진화라는 것이 우리 마음에 들지 않는 식으로 결정한다는 것을 생각할 수는 있을 것이다.[41]

이상은 우리의 '능력 의식'이 진화의 결과 효력 없는 것으로 규정될 수 있다는 생각을 포함하고 있다. 이 생각은 오늘날 수많은 사람들이 실감하고 있다. 루만의 접근이 지닌 강점은 그가 이것을 정확히 표현해내고 있다는 데에 있다. 이 이론이 세기 초가 아니라 세기 말에 표현된 것은 일단은 루만이 '늦게 태어났기' 때문이다. 그렇지만 꼭 그 때문인 것만은 아니다. 완전히 이론내재적인 관점에서 보면,

---

[41] 루만 또한, 본질적으로 자기 자신만을 다루는 인식이 장기적으로 적합한 것으로 입증될 수 있다는 것과 관련한 모든 낙관주의를 거부한다. '구성으로서 인식'에서는, "인식은 어떤 '임의의' 환경 내에서가 아니라, 그것에 적절한 환경에서만 가능하다는 것을 뜻한다. 그러나 그것은 우리가 그 점에서부터 인식이 실재에 '적응'한다는 것을 추론할 자격을 주지는 않는다. 업적 개선과 적응을 동일한 모델로 설명하기를 시도하는 자기규제 사이버네틱스의 진화론적 낙관주의는 함께 이루어질 수 없다. 어쨌든 생태학의 맥락에서 보았을 때, 학문 연구는 오히려 반대의 인상을 만든다. 주어진 것으로 보이는 것으로부터의 일탈은, 인식이 점점 더 대담한 도약에서 자기 자신을 교정하기 때문에 꾸준히 증가한다. 그것은 현재 아직도, 오늘날 몇몇 사람들이 말할 것처럼, 실제로도 가능하다. 그러나 그때 발생하는 것을 더욱 분명하고 위험을 의식하며 기술할 입장에 있을 수 있을 것이다. 인식은 구분을 모르는 실재에 구분을 투사한다. 그것을 통해 인식은 마찬가지로 예정되지 않은 자유를 자신에게 준다. 사람들은 오늘날 인식이 자유로서 원인 없이 작동한다고 더 이상 전제하지 않을 것이다. 왜냐하면 그것 또한 특성에 대한 판단이며, 말하자면 인식이기 때문이다. 그러나 사람들은 스스로 질문할 수 있으며, 인식론은 오늘날, 어떤 종류의 질서가 속행된 일탈 강화의 과정에서 도달 가능할 것인지를 설명할 수 있어야 할 것이다"(EK: 37이하).

우리의 사회전체적인 현실의 상태도 중요한 원인 가운데 하나이다. 보통 인간이고 이론가이면서 인식이론가인 우리 모두가 사회라고 일컫는 사건에 어쩔 수 없이 갇혀 있고 모든 지식이 소통의 인공물로 이해될 수 있다는 조건에서, 모든 지식은 구성주의나 루만이 우리에게 알려 주는 지식과도 물론 일치한다. 그렇다면 우리 현실에 바닥이 없다고 생각할 수 있다는 사실은 오늘날에는 우리 사회의 발전 상태 때문인 것으로 보아야 한다. 바로 이것은 루만의 입장이기도 하다. 우리가 살펴본 것처럼, 루만은 사회가 전개되는 것이 정보와 통보의 구분으로 시작되었다고 본다. 진화론적 관점에서 보았을 때, 정보와 통보의 구분에서 생성한 주체와 객체의 구분은 그로부터 시작되는 어떤 과정의 첫째 단계를 나타낸다. 그 과정은 점점 복잡해지고 분화되는 소통체계의 생성이 점점 더 까다로운 주체와 객체의 개념 구성으로 이끈다(SA 5: 56).

이 발전 과정의 두 번째 단계는 양 극의 결합에 대해 '주체/객체-구분'에 내재하는 질문이 대답할 수 없는 것으로 배제되고 주체를 모든 지식의 원작자로 주목함으로써 완료된다. 루만을 인용하면, 이 진화의 지점에 이른 후 사람들은, "관찰자가 아닌 다른 사람들을 관찰하는 것"(SA 5: 56)을 배웠다. 그 후 세 번째 발전 단계에서 '다른 사람들은 자신들(그들?)이 관찰할 때 관찰하지 않는 것을 관찰하지 않는다는 것을' 관찰하는 법도 배웠다. 또한 그들은 더 이상 지식의 원작자인 주체를 성찰의 중심에 두지 않고, 관찰 자체, 즉 지식의 원작자가 지식을 구성하는 방식에 주목했다. 그러한 잠재 관찰은 마르크스의 정치경제학이나 프로이트의 심리분석에 힘입어 학문적으로 제도화된다. 루만의 개념에서는 그러한 잠재 관찰은 1차 질서 관찰'이다.

1차 질서 관찰과 2차 질서 관찰 사이의 구분은 전자를 통해 "어떤 것들"(Bateson)이 세계에 나타나고, 즉 대상들의 세계가 구성되는 반면, 2차 질서 관찰은 이 대상들을 1차 질서 관찰에서 왔다고 수용하고 그 구성이 어떻게 이루어지는가에 집중한다는 데에 있다. 1차 질서 관찰이 '무엇이 … 유형이냐'라는 진짜 질문에서 비롯한다면, 2차 질서 관찰에서는 '어떻게 … 그 유형이 발생하느냐'의 질문이 근본적이다. 물론 모든 2차 질서 관찰은 항상 1차 질서 관찰로서도 유효해야 한다. 왜냐하면 그것 역시 '구분하고 그리고 지시하기' 때문이다. 그러나 2차 질서 관찰은 세계를 '절개하지' 않고, 이미 세계에 존재하는 어떤 것이 어떻게 세계에 왔는지를 고찰하기 때문에, 주어진 것을 달리 확인하고 다른 구분을 적용하고 다른 반대 개념에서 해석하는 자유를 가질 수 있다. 짧게 말하면 같은 것을 같은 것이 아닌 것으로 다루는 자유를 가질 수 있다(SA 5: 20). 따라서 같은 것은 같은 것이 아닌 것으로 다룰 수 있다. 이것은 그것의 생성이 간파되기 때문이다. 또한 이것은 한쪽 면이 지시되고 다른 쪽 면이 지시되지 않는 구분이 대상을 현재의 상태로 만드는 근거가 되기 때문이다. 이것을 관찰하는 것은, 구분의 다른 쪽 면이 선택되거나 다른 구분이 사용된다면 다른 대상이 구성되었을 것이라는 점을 파악한다는 것을 의미한다. 말하자면 어떤 관찰자가 다른 관찰자들의 관찰과 그들이 관찰하는 방법에 주목한다면 그는 몇 가지 새로운 것을 볼 수 있다. 첫째, 2차 질서 관찰자는 모든 농일성들이 생성되며, 즉 근본적으로 우연적이라는 점을 볼 수 있다. 둘째, 2차 질서 관찰자는 그가 다른 관찰자의 관찰 방법에 집중하는 한, '다른 관찰자의 관찰 방식의 맹점'을 볼 수 있다. 이것은 관찰되는 관찰자가 관찰에서 사용하기는 하지만 관찰의 구분에서는 근본적으로 사용할 수 없는 구분을 볼 수 있다는 것을 뜻한다. 즉, 2차 질서 관찰은 더 많이 볼 수 있다. 그러나 그는 더 나은 지식을 생산하지는 않는다. 적어도 내재적으로 결정적인 지식을 생산하지는 않는다. 왜냐하면 2차 질서 관찰자 또한 작동해야 하기 때문이다. 작동해야 한다는 것은 구분 행동에서 바로 자신이 작동적으로 수행할 수 있는 어떤 구분을 구성적으로 적용해야 한다는 것을 뜻한다.[42] 그는 이 구분 때문에 자신의 맹점을 가지며 그 맹점은 또 다른 관찰자에 의해 간파될 수 있다. 그리고 이 다른 관찰자도 다시 1차 질서 관찰자로서 자신의 고유한 맹점을 만들지 않을 수 없다. 그렇게 계속될 수 있다.

(작동적 행동의 단계에서 스스로 성찰할 수 없는) 구분을 적용하는 것을 근본적으로 피해갈 수 없다는 것은, 우리가 최종 심판을 의미하는 진리를 가지고 있지 않다는 것을 뜻한다. 진리/비진리는 다른 구분과 마찬가지로 하나의 구분일 뿐이다. 우리는 그것을 적용할 수도 있지만 적용하지 않을 수도 있다.[43] 사람들이 그것을 적용한다면, 그들은

---

[42] 작동상으로만 사용할 수 있다는 것은, 구분이 그것이 사용되는 동안 동시 성찰할 수 없다는 것을 뜻한다. 구분은 물론 작동 가능성의 조건을 나타낸다. 그리고 그 때문에 구분은 항상 그것의 현재 상태일 수 있다 – 그렇지 않으면 아무 것도 존재하지 않을 것이기 때문이다.

[43] 루만을 인용하자면, "관찰은 (다른 쪽이 아닌) 하나의 면의 지시를 통해 구분을 작동적으로 완료하는 것이다. 관찰은 이 작동적 완료보다 더 멀리 나아가지 않는다. 그것은 달리 말하면, **관찰 스스로 자신의 수행에서 진리와 비진리 사이를 구분할 입장에 있지 않다**는 것을 뜻한다. 관찰은 그것이 하고 있는 것을 할 뿐이다. 그것은 진리/비진리 구분을 (어떻게 조건화되었든 간에) 구분으로서 적용하는 것도 배제하지 않는다. 모든 구분과 마찬가지로, 이것 또한 관찰을 구조화하고, 그 구분을 가지고 어떤 것을 진리인 것으로 (그리고 비진리가 아닌 것으로) 혹은 그 반대를 지시하기에 적절하다.

세계를 바로 그 관점에서 관찰하며 그것에 의존해 특수한 관심이 표현된다. 그 뿐이다.

이제 이 모든 것은 어쩌면 그렇게 대단히 혁명적으로 들리지 않을지 모른다. 왜냐하면 이미 사람들은 진리/비진리 개념을 조심스레 다루어야 한다는 경험을 해본 적이 있기 때문이다. 예컨대 사람들은 암 발병 원인에 관해 이전에 알지 못했던 제3의 과학철학이라는 것이 있다는 것을 깨달았던 경험이 있다. 또한 학문적 관심이 있는 사람은 진리라는 목표와 관련해 하나가 아니라 복수의 이론이 있다는 것을 깨달았던 경험이 있을 것이다. 그러나 흥미롭게도 사람들은 이 경험에도 불구하고, 세계의 어떤 것에 관한 진리를 지금까지 발견해내지 못했을 뿐이며 바로 이러한 절대적인 지식에 접근할 수 있는 방법이 (적어도 원칙적으로) 유사한 어떤 방식으로든 어딘가에 틀림없이 존재할 것이라는 생각을 버리지 않는다. 보통 사람이든 학문적 관심이 있는 사람이든 상관없이 말이다. 우리 대부분은 우리의 무지의 조각배를 어딘가에 고정시키기를 원한다.

그러나 2차 질서 관찰 개념은 우리가 무지의 조각배를 묶어 고정하고자 하는 닻을 들어 올려 버린다. 그것은 세계 안의 어떤 것과 관련해 진리가 지금까지 존재하지 않았던 이유와, 또한 앞으로도 결코 존재하지 않을 것이라는 점을 설명할 수 있다. 혹은 존재했던 어떤 것과 앞으로도 있을 수 있는 어떤 것은 이른바 더 넓은 관점이며, 더 나은 관찰의 관찰이다. 2차 질서 관찰은 사물에 대한 이러한 관점으로

그러나 그 다음에도 관찰의 작동이 그 진행에 있어서 스스로를 진리이거나 비진리로 표현할 수 없으며, 이렇게 할 수 있으려면 이제 이 관찰이 다시 관찰되어야 한다는 것이다"(WG: 84이하, 2019:101).

이끈다. 왜냐하면 그것은 이론적으로 관찰자보다 관찰작동에 우위를 인정하기 때문이다.[44] 관찰작동을 우선시하는 것은 이 이론만의 독특하고 새로운 점이다. 처음에 구분이 있다. 1차 질서 관찰은 그 구분을 아직 순박하게 사용한다. 2차 질서 관찰은 이 순진함을 더 이상 굴하지 않고 유지할 수 없다. 2차 질서 관찰의 특수성은 그것의 '자기포함적 구성요소', 즉 "그것이 그 대상의 관찰에서 자신에 대한 결론을 끌어내야 한다는 데에"(SA 5: 15~16) 의존하기 때문이다. 달리 표현하면, 2차 질서 관찰은 자신을 관찰하는 다른 관찰자들이 다른 사람에게서 관찰하는 것과 똑 같은 것을 자신에게서도 발견할 것임을 인정해야 하기 때문이다. 그리고 그는 모든 구분이 맹점을 가지고 있다는 점을 깨닫게 될 것이다. 이것을 인정하는 것은 자체 맹점을 피해갈 수 있음을 의미하지는 않는다.[45] 그렇지만 그 맹점을 자신의 산법에서 참작할 수 있다는 것을 의미할 수는 있다. 2차 질서 관찰이 궁극적으로 자신의 계산에서 고려해야 하는 것은 관찰자를 관찰하는 것이 더 나은 지식으로 이끄는 것은 아니라 단지 다른 지식으로 인도할 뿐이라는 것이다.

  루만과 이 책에서 주어처럼 사용되는 2차 질서 관찰은 이제 누구 또는 무엇인가? 그 대답은 다음과 같다. 2차 질서 관찰은 특정한 기능적 분화의 지점에 도달할 때 사회적으로 가능해지는 관점이다. 기능적 분화 개념은 근대사회에서 한 번 수립되면 특수한 사회의 문제를 해결하기 위해 다소간에 완전하게 관할하는 부분체계들이 결

---

44) 체계/환경-이론'을 개념화하려는 루만의 결정은 이 전제의 조작화에 다름아니다.
45) 2차 질서 관찰의 관점에서는 그 후 마찬가지로 모든 관찰이 일어나는 맥락이 바뀐다. "세계는 관찰되는 세계로서 주제가 된다"(WG:87).

정화된다는 점을 기술한다. 진화상으로 보았을 때, 루만은 이 사회의 분화 과정을 다음과 같이 생각한다. 그는 첫째 단계에서 특수한 주도 차이가 발생하고 그 다음에 매우 빨리 상응하는 기능체계들이 생성된다고 전제한다.[46] 그러한 이항적으로 부호화된 기능 약호들은 몇 가지 보기만 언급하면 진리/비진리, 정당/부당, 권력/비권력, 재산과 금전의 소유/비소유 등이다. 이 약호에 상응하는 부분체계들은 어렵지 않게 말할 수 있다. 즉 학문, 법률, 정치, 경제이다. 루만이 '언어의 추가 장치'라고 이해하는 약호의 기능은 "다르게 이루어질 수 있었음에도 불구하고, 혹은 심지어 바로 그렇기 때문에, 특정한 방식으로 체험과 행위가 이루어지는 것을 이해할 수 있고 설득력 있도록 만드는"(SA 2: 184) 데에 있다. 특수 약호는 말하자면 우연성 문제를 배경으로 발생한다. 그것들은 궁극적으로 불확실한 우연성을 확정할 수 있는 우연성으로 옮기는 것을 허용하는 장치들이다.[47]

이제 기능분화의 문제와 그것과 함께 근대의 문제에서 결정적인 것은, 불확실한 우연성에서 특정한 우연성으로 변환됨으로써 우연성 문제가 축소되지 않고 확대된다는 점이다. 전체 사회의 관점에서 그렇다는 것이다. 말하자면 모든 체계가 세계를 자기에게만 중요한 특수한 관점에서 처리한다는 점에서, 즉 다른 가능한 관점에 대해서는

---

[46] 이항약호 개념에 대해, 특히 "Distinctions directories. Über die Codierung von Semantiken und Systemen," in: SA 4: 13이하와 "Ökologische Kommunikation" 논문에서 75이하를 보라.
[47] 예를 들어 학문은 확산된 무지를, 표현 가능하고, 논증 가능하고 비판 가능한 지식이나 무지로 옮겨 놓는데, 이것을 통해 갈수록 넓은 영역이 단순히 가능한 것의 지평에서 벗어나 실현 가능한 것의 지평으로 옮겨진다.

신경 쓰지 않아도 된다는 점에서 각자 체계 **내적으로** 가능한 것의 잠재인 우연성은 높아진다. 이것이 모든 부분체계에서 발생하기 때문에 사회전체적으로 가능한 것의 영역은 무한한 정도로 확장되며, 이때 사회 내에 이 가능성 여지를 통합할 수 있는 기관이나 원칙이 있을 수 없다. 이것이 루만의 이론에서 결정적인 지점이다. 왜냐하면 기능분화는 바로 전체체계가 자율적으로 작동하는 개별 기능체계로 분화되었으며 그것을 통해 하나의 기능 약호나 하나의 부분체계가 전체 체계의 대표자 자격을 주장할 수 없게 된다는 것을 뜻하기 때문이다. 또한 체계들이 그들의 행함에 대해 기록하는 체계 개별적 자기기술은 이론적으로 통합할 수 없게 된다. 우리는 우리의 원래 질문으로 되돌아오게 된다. 기능체계들은 각자 1차, 2차 그리고 3차 질서[48]라는 그들의 개별적 관찰을 통해 그들의 행함을 기술하고 성찰한다. 그리고 기능체계들은 각자의 현실과 자체 동일성을 어떻게 파악해야 할지를 그런 방식으로 자율적으로 설명한다.

구성주의적 인식론에서 성찰에 이르게 되는 것은 바로 이러한, 체계에 따라 특수한 자기기술 상황이다. 이 점에 대해 루만은 다음과 같이 말한다. "사회가 근대적인 의미에서 학문을 유지할 수 있다면 구성주의적 관점에서만 해결될 수 있는 성찰의 문제들이 제기된다. 말하자면 사람들은 그들이 보통 살고 일하고 전철을 타고 흡연을 즐기는 공간인 이 사회, 즉 세계가 문제라고 생각한다"(SA 5: 57). 근대사회의 성찰 문제를 구성주의적으로 해결하려면, 주체의 지위를 단순한 구성물, 즉 연결 가능한 소통의 지속을 보장하는 구성물로

---

[48] "3차 질서 관찰" 개념에 대해서는 이 책의 IV장 3을 보라.

간파할 수 있도록 도와주는 관점을 생성시킬 필요가 있다. 루만의 어깨 위에서 이것을 볼 수 있다면, 그것은 사회에서 '통상적으로' 생각하는 것뿐 아니라 일상적 세계에서 가능한 것에서도 그다지 멀리 떨어져 있지 않다. 방금 소개된 고려의 결과를 역설적인 것으로 드러내는 것은 다음과 같다. 루만이 보기에, 진화상 관철 능력이 입증된 정보와 통보의 구분인 소통은 주체를 담지자, 즉 관찰작동이 귀속되는 담지자로 구성할 것을 강요한다. 소통은 동시에 (마찬가지로 진화의) 구성물이 구성물로서의 자신의 지위를 해독해낼 수 있는 수단, 즉 인식론이나 인식이론적 관점을 만들어낸다. 소통은 주체라는 구성물이 바로 그러하지 않은 상태에 있다는 환상을 생각과 행위에서 포기할 능력을 갖추지 못하는데도 이러한 인식론적 관점을 만들어낼 수 있다. 이것은 중요한 논점이다. 또 다른 방식으로 표현하면, '신 유럽적' 관점은 인간이 자신이 그러해야 한다고 믿어야 하는 것, 즉 구 유럽적 의미의 주체가 아니라는 것을 이해할 능력을 가지고 있을 것으로 기대한다.[49]

  이 중간 결산이 근본적으로 역설적인 확인으로 끝나는 것은 우연한

---

[49] 게르하르트 로트는 '나는 어떤 것을 생각한다'는 사고 유형을 – 생물학이 그것에 대해 어떻게 말하든 상관없이 – 근본적으로 극복할 수 없는 것으로 본다. 로트는 우리가 근본적으로 계획한 정신과 질료의 구분에 대해 다음과 같이 말한다. "……존재 발생적 자기분화 내에서 두뇌의 인지체계는 '물질적' 환경과 '물질적' 육체를 구성하고, '비물질적' 정신에 대립시키기 위해 극도의 수고를 기울인다. 왜냐하면 유기체가 생존하고 행위성과를 만들어내기 위해서는 환경과 육체와 정신적 행위가 뒤서이지 않는 것이 대단히 중요하기 때문이다. 우리가 그렇게 기본적인 것으로 경험한, 질료와 정신의 대립, 대상과 사고의 대립은 인지체계가 만들어낸 대립이다. 그 대립은 존재발생적으로 대단히 강하게 형성되어 있기 때문에, 표상이나 사고에 의해서도 다시 제거될 수 없다"(Roth, 1988: 97이하).

것도 무상한 것도 아니다. 오히려 그것은 루만 사상을 이해하려 할 굽때 겪는 경험의 본질적 핵심이다. 루만 사상은 처음에 역설이 있다는 문장으로 요약할 수 있다.

IV. 처음에 역설이 있다.

IV. 처음에 역설이 있다.

1. '나는 네가 보지 못하는 것을 본다'—첫째 부분

이 절의 제목은 인기 있는 아동 게임에서 차용한 것으로서, 루만이 논문 제목으로 사용하기도 했다. 이 제목은 2차 질서 관찰의 핵심 결과를 정확히 표현하고 있다.[50] 2차 질서 관찰은 1차 질서 관찰이 본질적으로 보지 못하는 어떤 것, 즉 그것의 '맹점'을 볼 수 있다. 그러나 (다른) 관찰자의 맹점을 보는 것은 동전의 양면 가운데 하나의 순진한 면일 뿐이다. 2차 질서 관찰이 그 상에 머무르기 위해 동전의 다른 면에서 보는 것은 이것보다 덜 순진하다. 이 다른 면에서는 무엇이 맹점을 맹점으로 만드는지를 볼 수 있다. 맹점을 맹점으로 만드는 것은 역설적 사건이다. 이것은 다양한 방식으로 해석할 수 있는 사건이다.[51]

---

50) *Soziologische Aufklärung 5*: 228을 참조하라.
51) 루만은 역설을 "무조건 논리적인 문제만으로 이해하지 않는다… 루만은 역설을 관찰 장애로 이해한다. 어떤 것이 옳은 동시에 틀리며, 정당한 동시에 부당하면 이것은 역

최초의 근본적인 역설은 모든 관찰의 "이중 차별적" 작동 방식에 있다. 즉 관찰함은 [1.] 구분을 **사용하며**, [2.] 차이를 **생산한다**(WG: 492, 2019: 589). 즉 모든 관찰은 [1.] 구분에서 출발해야 하며, — 관찰작동을 실행할 수 있기 위해 — 구분을 근거로 삼아야 한다. 그러나 앞서 말 했듯이 관찰은 [2.] 사용된 구분의 양 면 가운데 (다른 면이 아닌) 한 면을 지시해야만 완전한 의미에서 관찰이 된다. 말하자면 관찰이라는 형식은 둘째 내적 구분을 통해서만 관찰의 기본 형태를 구성한다는 것이다. 그 내적 구분은 사용된 구분과 그것의 (한 면의) 지시를 구분 한다는 것을 뜻한다. 이 사건은 여기서 (다른 방식으로는 분명히 말할 수 없기 때문에) 해석학적 이유에서 시간적으로 분리해서 기술될 것이다. 처음에 구분이, 다음에 구분 과 지시의 구분이 이루어지는 것처럼 말이다. 그렇지만 이 사건은 다른 시간에 일어난다고 말하기 어렵다. 그 사건은 같은 단계에 일어난다. 이것은 집중해서 살펴보았을 때 생각할 수 있다면, 오직 역설적인 것으로만 표현할 수 있다. 루만은 이 생각을 바로 이 방식으로 자리매김한다. 루만을 인용하면, "관찰함은 역설적인 작동이다. 그 작동은 이원성을 (차이)동일성으로서 현재화시킨다. 그리고 구분과 지시의 구분에 의존한다. 즉 자기 자신 안에서 다시 나타나는 구분을 현재화시킨다(WG: 95, 2019: 112-113).

설적이다. 즉 구분의 두 면이 동시에 현재화되고자 하며, 단순한 동시에 복잡하며, 큰 동시에 작은 상황이 역설적인 상황이다."(1991d: 839). 역설 개념은 아래에서 바로 이 의미로 사용되고 이해될 것이다. 즉, 역설은 모순을 통해 생성되는 사고의 위기를 알려준다(Geyer, 1992: 11).

이것은 다른 방식으로 표현할 수도 있다. 구분과 지시는 두 단계의 작동인 **동시에** 하나의 작동이다. 하나의 구분은 구성적으로 두 면을 가지고 있다는 점에서, 관찰작동에서는 두 면이 같은 시점에 **주어져** 있어야 한다. 그렇지만 이 두 면이 동시에 **사용 가능해서는** 안 된다. 왜냐하면 후자의 경우처럼 **양** 면이 사용된다면 구분은 무효화되고 따라서 구분의 관찰 지위도 무효화될 것이기 때문이다(SA 5: 100). 말하자면 구분의 양 면은 동시에 그리고 '이전/이후-관계'에 주어져 있는 것이다. 이것은 우리에게 역설적인 생각이다. 이것이 첫째 관찰의 근본적인 출발 역설이다.

관찰의 이러한 역설적 기본 구성을 성찰하면, 그것은 또한 "비동시적인 것의 동시성을 작동으로 옮긴다"(WG: 103, 2019: 122)는 의미로 해석할 수 있다. 왜냐하면 관찰은 항상 작동이기 때문이다. 다른 한 편 우리가 알고 있듯이 작동은 발생하는 순간 사라지며 반복될 수 없는 사건이다. 그것을 달리 표현하면 다음과 같다. 작동적 차원에서는 언제나 발생하는 것이 발생하기만 한다. 그리고 발생한다는 것은 순간적이다. 그리고 그밖에도 작동으로서의 관찰은 순간에 발생한다는 것을 이해하여야 한다. 이 사실은 오로지 관찰자만이 기술할 수 있다. 관찰자가 이것을 기술할 때, 이 관찰자에게는 같은 조건들이 유효하다(WG: 104, 2019: 124). 이것은 결정적인 사항이다. [그래서 다음의 추론이 가능하다.] 즉, 관찰의 관찰자는 다른 관찰자가 작동하는 순간에 그 자신도 작동한다. 그는 세계 안의 모든 사건이 완전히 진행되는 바로 그 순간에 작동한다는 것이다. 그것에서 도출되는 것은 다음과 같다. 작동적 층위에는 동시성만 있다. 세계의 모든 사건은 그것이 발생하는 바로 그 순간에 발생한다.

그것은 이전이나 이후에 발생하지 않는다. 이러한 사건의 동시성을 고려한다면 어떤 종류든 영향력도 행사될 수 없고 구조도 형성될 수 없다. 세계는 작동의 혼란으로 나타난다. 그러나 위에서 살펴보았듯이 자기기술과 체계 형성을 가능하게 하는 (관찰작동의 범위 안에서 지시를 통해) 의도된 관계망 형성의 단계에 이르면서, 사건의 동시성, 즉 동시적 사건들은 구조화를 경험한다. 다른 한편 이 때 관계망이 형성된다면 이것은 우연한 추가 사건이 아니다. 그것은 관찰의 본질적 순간과 다르지 않다. 왜냐하면 관찰은 항상 체계이기 때문이다. 다른 한 편 이것은 다음을 의미한다. "관찰될 수 없는 것이 관찰될 수 있다. — 오직 도식 변경에 힘입어서만, 즉 시간의 도움으로만 그렇게 할 수, 있다"(WG: 91, 2019: 109). 시간의 소비를 통해서만 자기기술이 가능하다. 그렇게 말해도 된다면 말이다. 시간을 통해서만 '어떤 것들'이 세계에 들어오며, 이로써 모든 작동의 맹목적인 동시적 사건이 위계화되고 따라서 구조가 형성될 수 있다. 따라서 2차 질서 관찰자가 이끌어낼 수 있는 역설적 결산은 다음과 같다고 말할 수 있다. 모든 것은 같은 시점에 동시적이면서 비동시적이다. 또는 작동과 관찰은 구분되어야 하며 (결국에는) 구분될 수 없다.

    2차 질서 관찰자는 자신이 원한다면 이 결론에서부터 또 다른 결론을 도출할 수 있다. 그는 예컨대 경계를 형성하는 '양 면 형식의 구분'이 한 편으로는 동시에 주어지는 두 면이 같은 시점에 사용되는 것을 허용치는 않으면서, 다른 한편으로는 그렇게 함으로써 한 면에서 다른 면으로 넘어갈 수 있다는 것을 명료화할 수 있다. 그러나 위에서 보았듯이, 한 면과 다른 면의 경계 안에 진입하기 위해서도 시간이 요구된다. 루만은 이것을 다음과 같이 해석한다. 첫째, 시간은 관찰자의 구성으로 이해되어야 한다. 그것은 관찰 도식과 다르지 않다(SA 5: 114). 둘째, 시간은 역설적으로 구성된 것으로 파악되어야 한다. 시간은 비동시적인 것의 동시성으로 파악되어야 한다(SA 5: 100). 체계로서의 관찰자는 이 역설을 이전/이후 또는 '이것/저것-도식'에 '펼친다'. 그리고 바로 이것은 무엇보다도 그를 현재의 그, 즉 관찰자로 만든다.[52]

관찰의 출발 상황은 또 다른 역설의 형태를 포함하고 있다. 앞서 밝혔듯이 모든 관찰은 이중 차별적으로 절차를 진행한다. 이 절차는 구분을 사용하고, 이 구분을 이것과 구분할 목적으로 같은 작동 순간에 사용하는 것을 뜻한다. 따라서 모든 관찰은 본질적으로 언제나 사전에 그리고 언제나 유일하게 구분과 관계를 맺는다. 말하자면 한편으로는 관찰이 시작될 수 있도록 (그렇게 말해도 된다면) 언제나 구분이 세계에 존재해야 하며, 다른 한편으로는 관찰은 언제나 자신과만 관계를 가진다. 관찰이 자신과만 관계를 가진다는 말은 그 관찰을 구성하는 구분과 관계가 있다는 말이다. 관찰은 자기 이외의 어떤 관찰과도 관계가 없다.

이제는 관찰이 존재할 수 있기 위해 언제나 사전에 구분이 있어야 한다는 고려가 발생한다. 그리고 이 고려는 최초의 구분이 발생한 조건을 질문하도록 자극한다. 적어도 구식으로 사고하는 유럽인들은 그런 질문의 유혹을 받을 것이다. 루만은 이에 대해 다음과 같은 간결한 대답을 제시한다. "첫구분은 작동상으로만 노입뇌너, 그 자체가 관찰될(구분될) 수는 없다"(WG: 80, 2019: 95).[53] 물론 관

---

[52] 이것에 대해서는 이 책의 다음 장을 참조할 것..
[53] 루만이 여기서 인용된 문장을 사용하는 맥락이 필자가 언급한 존재론적

찰 가능한 것은 우리가 관찰의 역설적 기본 상황의 또 다른 차원과 관계가 있다는 점이다. 언제나 2차 질서 관찰의 범위에서 그렇다. 모든 관찰 또는 더 정확히 말하면 모든 지시는 세계와 관련하지 결코 관찰 자신과 관련될 수 없다. 왜냐하면 한편으로는 모든 지시는 지시된 것이 존재하는 것들을 암시하기 때문이다. 지시는 세계 내부에서 구성되기만 한 현상을 가리키지는 않는다. 그렇지만 다른 한편으로는 관찰이 작동적으로 도입된 구분을 구분한다는 것을 뜻한다는 점에서, 관찰이 관련짓는 것은 항상 사용된 구분일 뿐이며 구성적으로 바로 그 구분일 수밖에 없기 때문이다. 이것을 다른 방식으로, 구 유럽적으로 표현한다면 모든 인식의 모색은 현실을 파악하려는 동기에서 출발한다. 그렇지 않다면 왜 인식이 추구되어야 하는가? 그리고 동시에 인식 추구가 근거로 삼는 것은 근거가 없다. 인식이 근거가 있다는 것은 착각일 뿐이다.

우리가 관계할 수 있는 마지막 차원이 관찰의 관찰이라는 점을 진지하게 고려한다면, 그곳에서 나타나는 것은 (2차 질서 관찰자에게는) 역설로서만 자리매김할 수 있을 것이다.[54] 그렇다면 "역설을 최후 공식으로서 수용해야 한다"(WG: 520, 2019: 623). 루만에 따르면, (다시 한 번 강조하면) 이것으로 세계에 대한 판단이 내려진 것이 아니다. 판단이 내려진 것은 우리가 세계를 다루는 방식에 대해 또는 더 정확히 말하면 발생하는 것을 판단하는 우리 능력에 관해서이다.

차원이 아니라는 점을 기억할 필요가 있다. 루만은 이 문장을 오로지 관찰 체계를 구축하는 작동적 차원이 관건이 되는 맥락에서만 사용한다

54) 그 밖에도 3차 질서 관찰이 있다. 루만은 3차 질서 관찰 개념으로 2차 질서 관찰의 차원에서 발생하는 것의 성찰을 표현한다. 그에 대해서 다음 절을 볼 것.

한 번 더 구 유럽적으로 표현하면, 무엇이 세계가 될 수 있든 우리는 그것을 결코 알 수 없다. 우리가 최종 지식으로서 알 수 있는 것, 그것은 바로 우리가 이 세계를 (인식에 적합하게) 처리하는 것이 2차 질서 관찰자에 의해 오로지 역설적인 것으로 확인될 수 있다는 점 밖에 없다.

2. '나는 네가 보지 못하는 것을 본다' — 둘째 부분

2차 질서 관찰자는 관찰을 관찰할 때 역설만 보는 것은 아니다. 그는 이 역설이 어떻게 다루어지는지도 본다. 원칙적으로 역설은 그것을 구성하는 이율배반으로 인해 역설에 직면한 사람이 작동을 속행하지 못하도록 막는다는 점이 유효하다. 어떤 것이 같은 시점에 그것의 현재 상태와 반대 상태로 나타난다면 어느 쪽에 연결이 이루어져야 하는가? 그러므로 봉쇄가 발생하지 않도록 역설은 제거되거나 적어도 비가시화되어야 한다.

우리는 관찰이 관찰을 구성하는 역설을 '전개하는' 최초의 근본 기제를 이미 배웠다. 그것은 시간이다. 관찰은 관찰로서, 따라서 체계로서 사건에 시간을 도입함으로써 자체의 역설적인 구성을 언제나 사전에 탈역설화의 의미에서 작업했다. 관찰자는 시간을 도입함으로써 구분의 양 변을 '이전/이후-관계'로 옮긴다. 그것을 통해 같은 시점에 주어진 것과 주어지지 않은 것의 역설적인 관계는 보이지 않게 된다. 이 역설적인 관계는 관찰자가 같은 시점에 본다면 '진동' 작동으로 바뀔 수 있었을 것이다. 역설의 비가시화는 연결 가능성을 발생시킨다. 관찰을 작동으로 파악한다면, 모든 것이 동시에 일어난다는 것이 옳다. 그렇지만 관찰자나 관찰의 의미에서 관찰 행동을 기준으로 본다면, **처음에는** 왼쪽 **다음에는** 오른쪽, **처음에는** 이것 **다음에는** 저것의 원칙이 유효하다. 모든 관찰은 관찰로서 언제나 사전에 한 면을 향하며, 결정했으며, 그래서 '모든 것을 한꺼번에'라는 역설을 홀로 보여주었다. 체계로서의 관찰자는 지시된 것에 연결하면서 계속하는 것에 집중할 수 있다. 루만을 인용하면, "체계에서는 역설적이기에 보일 수 없는 (차이)동일성의 자리에 회귀성이 들어선다. 회귀성Rekursivität은 작동이 작동의 결과를 통해 유도된다는 것을 의미한다. 회귀성이란 관찰의 차원에서는 관찰이 관찰의 결과를 통해 인도받는다는 것이다"(1991c: 61). 물론 어떤 것을 그것의 자리에 두거나 그것을 비가시화시키는 것은 (역설적인 출발 상황으로서) 보이지 않게 되는 것을 제거한다는 것을 뜻하지는 않는다. 다시 루만을 인용하면 다음과 같다. "결과적으로, 이때에는 세계 문제가 논리적으로 청산되지 않는다. 이때에는 인지적 복잡성이 구축된다. 무엇에 관한 것이든 상관없이 말이다"(1991c: 61).

시간을 배경으로 그리고 탈역설화의 맥락에서 본다면, 그 후 우리의 세계 이해의 **사실적** 차원으로 표현할 수 있는 것이 새로운 형태를 얻는다. 사물은 1차 질서 관찰에서 일상적 세계를 구성하는 기초가 되는 기본적인 작동의 토대에서는 후설이 말한 것처럼 '확실하게' 주어진 것으로 우리에게 나타난다. 1차 질서 관찰자는 우리가 알고 있는 것처럼 지시에 집중하며, 그런 식으로 계속해서 존재한다는 것으로 경험될 수 있는 것을 만들어낸다. 그러나 관찰의 역설적 출발 상황을 목도하는 2차 질서 관찰자는 다르게 본다. 그는 1차 질서 관찰자가 지시하는 것에 집중하는 것이 자신이 구성하는 이원성의 역설을 (차이)동일성으로 은폐하는 전략이라는 점을 본다. 1차 질서 관찰자에게 '확고하게' 주어진 것으로 존재하는 것처럼 보이는 것을 2차 질서 관찰자는 달리 본다. 그는 그것을 주어진 것으로도 심지어 의심할 여지없이 주어진 것으로도 보지 않는다. 그것은 구성된 것이며 구성물로서 사건의 한 면일 뿐이다. 사건의 다른 면은 1차 질서 관찰자가 대상 구성의 구성적 성격을 간파할 수 있는 것으로 생각할 수 있으려면, 보일 수 있어야 하지만 결코 보일 수 없다. 이것이 한 가지 중요한 사항이다. 다른 중요한 사항은 대상 구성 역시 시간 구성과 마찬가지로 전략이라는 점이다. 이 전략을 통해 관찰자는 작동의 사건적 성격과 원한다면 자신의 있음/행함의 일과성을 극복할 수 있으며, 그렇게함으로써 일상세계 내에 안정성과 지속성이 도래한다.[55] 또 다른

---

[55] 사물에 대한 우리의 일상적 관점과 관련한다면, 우리가 생각하는 방식을 근본적으로 바꿔야 한다는 점이 도출된다. 왜냐하면 루만에 따르면 다음 내용이 유효하기 때문이다. "모든 대상 영속성은 시간 차이들의 토대에서 구성되어야 한다. 그리고 이러한 사정은 항상 작동적으로만 발생할 수 있다. 즉 생성되자마자 사라지는 그때그때 현재적인 관찰에서만 작동적으로 일어날 수 있기 때문이다"(WG: 105, 2019: 124). 모든 상수의, 이른바 이 본질적 불안정성을 진지하게 생각한다면, 그것에서부터 세계에 대한 우리의 경험이 근본적으로 역동적이라는 점이 도출된다. 루만을 인용하면 "우리의 존재론적-형이상학적인 전통의 선입견에 맞추어 생각한다면,이러한 해체를 통해서는 끔찍하면서도 특별히 믿을 수 없는 불안이 세계안으로 ― 우리가 항상 동시적인 것과 지속적인 것의 이중 형식 하에 체험하는 세계 안으로 ― 옮겨진다. 그러나 바로 이 이중 형식은 모든 작동들의 시간성의 관점에서 논증될 수 없다. 아니면 더 정확하게 말하면, 다른 관찰함을 관찰하는 관찰자의 구성으로서만 논증할 수 있다. 최초의 관찰함에서는 관찰함이 진행되는 동안, 동시적인 것이 동시적이기만 할 뿐이다. 그리고 이 관찰함이 관찰될 때만(이것은 같은 체계 안에서도 발생할

중요한 점은 대상 구성은 관찰을 내재적으로 구성하는 역설이 '전개되도록' 도와주는 전략이라는 점이다.

일상세계와 관련해 진화적으로 본다면, 특정한 방식으로 특별 지위가 부여되는 시간의 생성 외에도 사실에 따른 분화의 생성에 특별한 의미를 부여해야 한다. 왜냐하면 시간적 상이성과 사실적 상이성이 없는 세계는 구조 없는 세계와 영향 받을 수 없는 세계로서만 생각할 수 있기 때문이다. 세계를 다루어낼 수 있으려면, 세계는 상이성, 즉 핵심적 위계화를 실행할 여지를 허용해야 한다. 바로 이 위계화 실행은 관찰이 수행한다. 관찰은 '존재'의 한 면을 지시함으로써 위계화를 항상 사전에 실행했다. 관찰 자신과 구분하면서 말이다.

관찰은 관찰을 구성하는 구분의 양 면과 관계 맺고 이것을 지시하면서, 어떤 것을 구성하며 그것을 통해 관찰작동을 시간적/사실적으로 위계화한다. 그리고 관찰은 그것을 통해 **처음에는** 이것 **다음에는** 저것, 또는 **처음에는** 이것 **다음에는** 저것을 선택하는 방식으로 탈역설화한다.[56] 시간적 분화와 사실적 분화(우리의 맥락에서는 시간적 차원과 사실적 차원에서의 탈역설화를 뜻한다)는 원칙적으로 함께 속한다고 말할 수 있다. 이것은 달리 표현할 수 있다. 시간이 없다면, 일상적인 언어로는 아무 것도 이루어지지 않는다(그 때문에 위에서

수 있다), 관찰함의 현재성은 시간의 현재성으로서, 즉 미래와 과거를 가진 현재성으로서 구분되고 지시될 수 있다"(WG: 105, 2019: 124).

56) 루만에 따르면, "따라서 우리에게 친숙한 의미에서 시간(그리고 우리는 문화역사적인 수정들은 이 순간 고려하지 않을 수 있다)은 동시적인 것이 제한되며 세계가 영향받지 못한다는 것이 부인되는 현재성의 그러한 축소를 보상하기 위해 생성된다. 현재적-동시적인 것의 제한은 다른 말로 한다면, 그 순간 현재적이지 않은 어떤 것을 그 반대편에 두는 경계들을 자기 주변에 긋는다(WG 105:2019:124-125)..

시간의 특별 지위를 언급했다). 이것을 전제한다면 사실 차원에서의 탈역설화는 사건의 동시성을 처리해내기 위해 두 번째로 중요한 기제이다.

　작동적 사건의 위계화에 부여되는 중요성은 사회의 기능체계의 이항 부호화를 보기로 한 번 더 분명하게 설명되어야 할 것이다. 이항 약호는 관찰의 시간적 탈역설화와 사실적 탈역설화에 함의되어 있는 것을 명시화시킨다. 그것은 자체로는 완전히 가치중립적 사건에 가치성을 도입하고 따라서 구조를 도입하는 것이다. 이항 약호는 한 면을 향하는 관찰의 기본 전략에 연결하며 가치에 대한 지시를 이중화시킨다(WG: 196, 2019: 210). 말하자면 그것은 구분과 그것의 지시된 면을 위해 두 가지 값, 예컨대 진리/비진리의 값을 지닌다. 이 보기를 통해서는 특별히 두 종류의 값이 실현된다. 첫째 "언제나 사전에 소통을 수행하는 배경이 되는 세계의 전제가 분리된다. 모든 것은 진리이거나 허위일 수 있으며, 이제는 우발적인 귀속을 배제하는 형식들을 찾아야 한다…"(WG: 196, 2019: 237). 이것은 명백하게 전문화된 체계의 분화를 통해 가장 잘 수립될 수 있다. 둘째, 이항 약호는 모든 관찰에 구성적으로 스며드는 문제인 '차이의 (차이)동일성'에 대한 대답할 수 없는 질문을 은폐한다. 그것은 우리 맥락에서 결정적인 것이다. '차이의 (차이)동일성'에 대한 질문이란, 우리 맥락에서는 진리/비진리라는 차이의 (차이)동일성에 대한 질문을 뜻한다. 예컨대 사회의 기능체계인 학문은 자신의 모든 삭동을 진리/비진리에 귀속시킨다. 학문체계는 이것을 통해 한편으로는 체계 내에 고도의 복잡성을 만들 어낼 다른 중요한 질문을 배제한다. 학문체계는 이 귀속 전략을 통해 다른 한편 체계에 제기된다면 체계의 행함을 흔들 수 있을 문제를 비가시화시킨다.

　이 전략에 힘입어 비가시화되며 배제되는 것은 (구 유럽적으로 표현하면) 진리를 비진리로, 따라서 비진리를 진리로 만드는 것에 대한 질문이다. 루만을 인용하면 "약호는 역설을 (비가시화하면서) 더 잘 다룰 수 있는 구분, 즉 분명하고 교체할 수 있는 배제 관계를 전제하는 구분으로 옮긴다. 지옥은 천국 내의 고립된 영토(Enklave)이거나 어쨌든 천국의 기관일지도 모르며, 사탄은 타락한 천사이지만, 진리인 것은 허위가 아니고, 허위인 것은 진리가 아니다"(WG: 196~197, 2019: 238). 이 전략은 하나의 값에서 다른 값으로 옮기는 '기술적인 부담 경감'이다. 그리고 이것은 (무엇보다도) 바로 이 과제 또는 작동을 특정한 (어떤 혹은 다른) 값으로 귀속시키는 질문에 관심을 집중한다. 그 후 개별 프로그램(경제와 관련했을 때는 이론과 방법)은 약호값을 다루는 방식을 설명할 기능을 얻는다. 그리고 결과적으로 약호와 체계를 수립할 수 있는 것이 무엇인지의 질문은 한 번 더 뒤편으로 밀려난다. 학문은 학문 안에서는 진리/비진리만이 관건일 수 있다는 것을 '알면서', 언제나 이 차이의 (차이)동일성을 캐묻는 질문을 사전에 성공적으로 배제할 수 있었다. 달리 표현하면 학문은 자신의 기초가 되는 역설을 자신과 그것의 작동을 위해 쓸모없게 만들었다. 학문은 역설이 늦어도 메타이론 층위에서 다시 등장한다는 사실에 신경 쓸 필요가 없다. 이 차원은 언제나 이미 철학의 영역에 속하는 것이며, 보통 학자들은 철학에서 별로 배울 것이 없다는 것을 알고 있다.

　우리는 이제 우리의 세계를 구축하는 토대로 삼는 기본 기제를 살펴보아야 한다. 즉 관찰의 탈역설화의 셋째 차원인 사회적 차원을 분석해야 한다. 사회성에 관해 구 유럽적 방식으로 인지하는 것처럼,

사회적인 것의 구성적인 순간은 우리가 이미 타자적 자아로 체험하는 타인들과 세계를 공유하며 그래서 필연적으로 어떤 식으로든 이들과 의사소통할 것이 요구된다는 데에 있다. 따라서 상호 주관적 의사소통 가능성과 같은 어떤 것이 있을 수 있는지는 위르겐 하버마스 이전에 이미 사회학의 중심 문구가 되었던 것이다. 그러나 우리가 이미 살펴보았듯이 니클라스 루만은 이 생각을 혹평한다. 이런 식의 생각은, 머리는 사자이고 몸은 산양이며 꼬리는 뱀인 구 유럽적 키메라와 마찬가지라는 것이다. 그는 우리가 세계를 시간적으로 구조화되었고 사실에 따라 분화된 어떤 것으로서 경험한다는 사실이 역설을 펼치는 현상 때문인 것과 마찬가지로, 다른 사람을 타자적 자아로 경험하는 것을 타인과의 사이에서 발생하는 사회적 과정 때문인 것으로 생각한다. 그렇게 말해도 된다면, 근본적으로 존재하는 것은 서로에게 불투명한 블랙박스로 나타나는 심리적 체계들밖에 없다. 달리 표현하면 상호 이해는 있을 수 없다는 것이다. 그런데도 상호 이해가 필연적으로 존재해야 하는 것이라면, 성공적인 상호 관계 맺기만이 실제로 가능한 사실이 될 것이다. 우리가 이 책을 통해 알게 되었듯이 상호 이해의 불가능성과 상호 이해의 의무감이 대립하는 이 첨예한 상황은 하나의 독립적 영역이 결정화됨으로써 완화될 수 있다. 그 자율 영역은 소통 영역이다. 이 영역의 작동 양식은 '소통적 관찰'이다. 소통적 관찰 역시 우리가 살펴보았듯이 역설적으로 구성되어 있다. 이 역설적 구성은 알려진 것처럼 정보와 통보의 구분을 통해 '펼쳐진다'. 진화적 관점에서 루만이 '주체'와 '타자적 자아'의 생각이 발전할 수 있다고 보는 것은 소통적 관찰의 역설이 이렇게 '펼쳐지는' 범위 안에서이다. 말하자면 타자가 표출한

기분을 자아가 자신을 향해 통보를 나타내는 것으로 '이해할' 수 있다면, 그는 또한 정보를 통보하는 것이 '[그곳에서 통보하는] 어떤 사람'이라는 것을 이해하는 법을 배운다. 그래서 루만은 "소통에의 참여가 충분한 연습 시간 후라면, 경험을 압축하기 위해 타자적 자아를 전제하는 것을 유의미하게 만드는 것"(WG: 19, 2019: 24)이라고 본다. 타자적 자아의 표상이 일단 생성되면 그 이후의 전개 과정에서 '관찰자를 관찰함'에 집중할 가능성이 발생한다. 이러한 성공적 전개의 시작 지점에 소통 또는 소통적 관찰의 역설적 구성을 비가시화해야 할 필연성이 있는 것이다.

3. 역설적 작동으로서의 관찰 — 그리고 그것의 귀결

'1차 질서' 관찰자는 자신이 하는 것을 한다. 그는 구분하고 지시한다. 그는 자신이 하는 것만을 한다는 점에서, 자신의 행위를 구성하는 역설을 알 기회가 봉쇄되어 있다. 그는 자신이 볼 수 없는 것, 즉 자신의 '맹점'을 볼 수 없다. '1차 질서' 관찰의 범위, 즉 관찰을 관찰하는 범위에서야 비로소 모든 관찰에 내재하는 역설이, 즉 보는 것과 살펴보지 않는 것이 시야에 들어오며, 따라서 '자기를 포함하는 결론'에 대한 질문이 주제화된다. 쉽게 말하면, 항상 1차 질서 관찰자이며 그래서 부분적으로 눈먼 2차 질서 관찰자는 그가 보는 것(다른 사람의 '맹점')을 인식하는 데서 어떤 결론을 이끌어낼 것인지를 자문해야 할 것이다. 이 질문에 답하려면, 루만이 성찰이론의 지위와 관련해 말하듯이 "셋째의 어쩌면 마지막 관찰 차원에 기초해야 한다. 여기서는 모든 지식의 구분 의존성과, 동시에 구분들의 작동상 사용에서 허용해야 하는 필수적인 잠재를 볼 수 있다. 그러면 여기서는 그 구분의 맹점을 지시하면서, 존재론을 해체하며, 존재론과 함께 더 나은 지식의 모든 위계화를 해체한다"(WG: 509~510, 2019: 610). '2차 질서' 관찰은 구 유럽적 메타이론이라 일컬는 것에 상응한다. 자신의 기본 범주를 논증하려 시도하는 모든 이론은 항상 메타이론이어야 한다. 달리 표현하면 그것은 자신의 특수한 절차를 성찰해야 한다. 루만의 이론 또한 근본적으로 원칙적인 메타이론이다. 왜냐하면 그 이론은 다른 것, 즉 사회의 특수한 하위 기능체계의 작동을 관찰하기도 하지만, 이론 설계의 요구에 따라 적어도 이론 구성 차원에서 '구 유럽적' 존재론적 사고를 극복하려는 포괄적 시도를 나타내기 때문이다. 따라서 고유한 이론적 행함의 성찰은 루만적 사고의 중심 계기가 되어야 한다. 그래서 그의 작품의 바로 이 측면이 이 책의 핵심 관심이다. 우리가 루만 사상의 핵심에 관해 특수하게 숙고한 결과와 3차 질서 관찰로서의 그의 이론의 결과로서 타당했으며 타당한 것은, 처음에 역설이 있다는 것이다. 계속해서 이 진술에 관해 개괄적으로 숙고하고자 한다.

가장 먼저 타당한 것은, '태초에 역설이 있다'는 문장은 존재자의 존재에 관한 진술이 아니라는 것이다. 그것은 우리 세계의 암흑을 밝히는 방식에 관한 진술이다. 그러나 우리는 다음과 같이 질문할 수 있을 것이다. 우리가 인식 상황을 목전에 둘 때, 왜 세계를 이두운 것으로 전제하거나 빛의 실행을 생각해야 하는가? 그 이유에 대한 대답은 다음과 같이 할 수 있을 것이다. 영지주의적 어법이, 우리가 연구할 소명을 느끼는 바로 이 세계에 우리가 갇혀 있다는 것이 의미하는 바가 무엇인지를, 비유를 통해 그래서 매우 일목요연하게 보여주기 때문이다. 달리 표현하면 세계를 [객관적으로 관찰하려면] 외부에서만 들여다보아야 한다는 것이다. 그러나 우리는 세계의 외부에 있지 않고 세계의 내부에 있다. 그리고 세계는 그밖에도 우리 존재의 가능성의, 따라서 우리의 모든 행함의 가능성의 조건이 된다. 루만은 철학이 초기부터 몰두해온 이 인식 구성의 역설을 처리하는 새로운 형식을 발견한다. 이 문제에 대한 새로운 작업 형식을 발견하는 과정의 첫 번째 단계는 루만이 역설적 출발 상황을 급진적으로 진지하게 수용한다는 데에 있다. 우리는 먼저 우리를 가두고 있는 세계의 외부에 있을 수는 없지만, 세계에 관해 진술하기 위해 외부에 있어야 한다는 점을 진지하게 수용해야 할 것이다. 그렇다면 우리는 모순을 내재하는 이 상황 때문에 우리가 세계에 관해 진술함에 있어서 지장을 받을 것임을 깨닫게 될 것이다. 따라서 우리는 역설적 상황을 단순히 진지하게 수용하는 것만으로도 어떤 유익을 얻는다. 즉, 우리는 이 역설에 봉쇄당하지 않고 이 역설을 다루는 것을 도와주는 일종의 기제를 전제해야 한다는 결론에 이를 수 있게 되는 것이다. 루만은 이 기제를 구분의 기제로 풀어낸다. 구분의 기제는 우리가 몰래 빠져나올 수 없는 세계에서 어떤 방식으로 살짝 빠져나올 때 사용할 수 있는 일종의 탈것이다. 구분의 특수성은 쉽게 말해, 경계를 긋는다는 데에 있다. 경계를 긋는 것은 다시 모든 것과 모두가 포함되는 전체를 두 부분으로 나눈다. 이쪽과 저쪽으로, 위치 설정과 표현에 따라 안과 밖으로 (예컨대 체계와 환경, 나와 세계 등) 나눈다.[57] 그리고 오로지 경계를 수립함으로써만 또는 그 때에야 비로소 세계의 어두움에서 빛으로 표현한 것이 존재할 수 있게 된다. 경계 설정, 즉 구분 (그리고 지시)가 없다면, (우리에게) 세계도 주체도 없을 것이다. 문자 그대로의 의미에서 아무 것도 없을 것이다. 말하면 무 역시 존재의 반대로 생각된다는 점에서 구분이 없다면 존재하지 않을 것이다. 그리고 우리는 어떻게 달리 생각할 수 있겠는가? 그 때문에 어떤 구분을 기다리는 세계의 상황을 위해 루만이 사용한 스펜서브라운의 표현인 '표시되지 않은 공간' 또는 '표시되지 않은 상태'는 손대지 않았지만 존재하는 영역의 의미뿐 아니라, 선禪철학에서 '공空'이나 '절대적 무'의 개념으로 표현하는 것의 의미로 생각되어야 한다. 여기서는 어떤 현실이 관건이 된다. 그 현실은 이렇게 말해도 된다면 모든 구분 이전, 모든 존재/비존재 이전, 모든 형식형성 순간이 실행되기 이전에 자리가 정해져야 하며, 더 조심스레 표현하면 자리매김이 시도되어야 한다. 구분이 없다면 세계의 어두움은 그런 상태에 있을 것이다. 그것은 바로 암흑의 상태일 것이다. 그리고 이것이 처음에 차이가 있다는 진술이 뜻하는 바이다. 그리고 루만은 항상 시작을 만드는 구분이 적용되어야 하기 때문에, 보통의 구 유럽적 방식과는 달리 출발할 수 있다. 주체/객체는 루만이 자기 이론을 구축하는 주도 차이가 아니다. 루만은 체계/환경이라는

---

[57] 관찰작동의 확실한 지위는 다음 고려에서 분명하게 할 수 있다. 언제나 우리가 나로 자리매김할 때, 우리는 항상 (우리와 다른 사람들을) 그들이 어떤 사람이든 무엇이든 간에 우리와 구분했다. 따라서 '주체/객체-도식'에서의 모든 사고, 즉 우리의 모든 사고는 언제나 사전 구분에 의해 구성된 영역 안에 있다.

주도 차이에서 이론을 구축한다.

우리가 충분히 추적했던 것처럼 이제 구분 자체는 '양 면 형식'이다. 그러나 이것은 이 형태로는 절대 세계의 빛을 보지 못한다. '양 면 형식' 가운데 항상 양 면의 한 면만이 구분의 내적 구분을 통해 지시되고 그래서 가시화된다. 간단히 표현하면 한 면이 어떤 것으로 세계에 나타날 수 있기 위해서는 반드시 두 면이 필요하다. 그러나 이 두 면은 하나의 (차이)동일성으로서, 그렇지만 본질적으로 어두움에 머무른다. 밝혀지지 않은 것은 구 유럽적으로 표현하면 어떤 이유에서 어떤 것이 다른 상태가 아니라 현재의 그 상태로 나타날 수 있는가라는 질문이다. 이것은 절대적으로 옳다.[58] 우리는 말하자면 나중

---

58) 모든 인식의 차단 불가능성에 대한 유연한 보기는 학문적 이론 형성을 범주적으로 논증하는 문제에서 찾아볼 수 있다. 사회학에서는 예컨대 주지하다시피 하나의 사회이론이 아니라, 사회를 해석하려 시도하는 수많은 상이한 이론적 접근들이 있다. 이제 그것이 왜 그러한지를 설명하려 한다면, 구 유럽적으로 보았을 때 나타나는 해결책은 상이한 접근의 기본 개념들을 이끌어내는 근거로 이해될 수 있는 상응하는 메타이론을 가리키는 데에 놓여 있다. 그러나 그것을 통해 논증의 문제가 해결된 것은 아니다. 논증의 문제는 단지 유예되었을 뿐이다. 왜냐하면 논증의 문제는 당연하게 메타 차원에서 다시 떠오르기 때문이다. 이것은 메타의 메타이론을 찾아야 하며 이런 노력은 끝없이 계속된다. 유일하게 현실적인 해법은 궁극적으로 논증의 문제 앞에서 눈을 감고 다음처럼 말하는 데에 있을 것이다. "바로 이런 것 아닌가. 계속되는 질문은 흥미로울 수 있을 것이다. 그렇지만 그것(그렇게 끊임없이 추적하는 것)은 어쨌든 성과를 이룰 수 없을 것이다". 1차 질서 관찰자는 그렇게 말하고 행위한다.

그리고 2차 질서 관찰자, 말하자면 학자 또한 다른 선택의 여지가 없기 때문에 그렇게 행위 한다. 달리 표현하면 고유한 관찰의 "맹점"에 눈을 감는 것은 사고와 행위에 있어서 정체가 아니라 지속성이 일어날 가능성의 조건이 된다. 그런 식으로 사회학과 관련했을 때, 마르크스적 마르크시스트와 상징적 상호작용론적 상호작용론자와 베버적 베버리안이 존재할 수 있다.

에도 우리의 사고와 행함을 성찰할 수 있다. 우리는 항상 우리 입장을 나타내는 1차 질서 관찰자로서 세계를 '절개한다'. 그리고 우리는 왜 우리가 다른 방식이 아니라 바로 이 방식으로 세계를 절개하는지를 논증할 능력은 없다.[59]

그런데도 우리가 무엇을 하고 있는지를 아는 것처럼, 우리는 세계 내의 사물에 관해 계속 진술하며 앞으로도 진술할 것이다. 그리고 바로 이것, 즉 우리의 후속 진술을 나타내는 '그럼에도 불구함'은 구분작동 자체에 의해 강요된다. [후속 진술을 추진하는 것은] 구분 작동뿐만 아니라, 바로 구분에 내재하는 이원적 특성이다. 첫째 이원성과 (차이)동일성을 하나의 과정에서 실현시켜야 하는 역설적 형식의 구분작동은 위에서 표현한 것처럼, 어떤 근본적인 결핍으로 특징지어진다. 그러한 근본적인 결핍은 작동의 속행이 이루어지지

루마니안 또한 달리 행동하지 않을 것이며, 그가 결정했던 현재 상태에서 논증의 궁극적 문제를 해결하지 않고서 마음의 부담을 갖지 않고 학문 활동을 할 수 있을 것이다. 차이이론적 사고의 추종자로서 말이다. 그러나 루만 추종자는 자신의 생각을 '체계/환경-도식'으로 성찰할 때, 즉 그가 대표하는 이론의 기본 범주가 자기준거성이며 자기재생산이라는 것이 무엇을 뜻하는지를 질문할 때에야 비로소, 논증의 문제를 구 유럽적 이론 방향의 추종자들이 이해하는 것과는 본질적으로 다르게 이해하게 된다. 루만의 이론은 우리가 추적했듯이 이 문제를 그것의 기획 안에 수용하며, 그것을 통해 '재진입' 개념의 의미에서 창조적으로 '사용할 수' 있게 된다. 이것을 통해 무한한 인식 논증이 불가능하다는 점까지 해결된 것은 아니다. 그러나 이것은 어쩌면 그 문제를 생산적으로 다룰 수 있게 된다. 그렇게 루만을 따를 수 있다면 말이다.

59) 루만을 인용하면 "첫구분은 작동상으로만 도입되며, 그 자체가 관찰(구분)될 수는 없다. 구분들의 모든 구분함은 이 구분들을 전제하며, 오직 이후에만 일어날 수 있다. 즉 시간을 필요로 한다. 아니면 달리 말하면 작동 중의 자기생산체계를 필요로 한다. 그래서 모든 합리화는 사후합리화인 것이다."(WG: 80, 2019: 95).

않으면 그것이 현재 상태로 존재할 수 없다는 것이다. 둘째, 고유한 존재가능성의 근본적인 결핍이 계속 진행을 강요했다면, 그것은 그 '맹점'을 언제나 사전에 보이지 않게 했으며 그것을 통해 작동의 속행에 방해가 되지 않게 만들었다. 이것이 구 유럽적 방식으로 의미하는 것은 다음과 같다. 우리는 '나는 여기에 있고 다른 곳에 있을 수 없다'의 의미로 세계를 개념으로 채워야 하며, 세계를 그렇게 붙잡는다는 착각에서 벗어날 수 없다. 루만 이전부터 개념이라는 것이 "도구적 연장"(Adorno)이라는 것을 알고 있는데도 말이다. 도구적 연장은 그것이 가리킨다고 주장하는 것을 원래 의미로 가리킬 수 있는 것은 아니다.

구분이 적용될 때, 즉 구분의 우연성으로 세계에 관한 우리의 진술이 세계와 전혀 관계를 맺을 수 없을 때에는, 우리는 구분이 그밖에 무엇과 관계를 맺어야 하는지를 질문해야 할 것이다. 우리는 그 대답을 알고 있다. 구분은 바로 자기 자신과 관계를 맺는다. 앞서 분석했듯이, 첫째 구분이 적용되고 어떤 것을 지시하기 위해 사용되고 지시된 것에 후속 작동이 연결되면서, 관찰작동의 회귀적으로 닫힌 체계가 생성되며 그 체계는 세계에 대한 체계 개별적 **상**을 창출한다. 그 뿐이다. 인식의 구성을 그렇게 이해해야 한다면, 인식의 성찰 문제는 더 이상 "인식과 대상의 차이의 (차이)동일성"(WG: 510)일 수 없다. 이 지점에서 우리가 대답해야 할 질문은 다음과 같다. 먼저 모든 인지적 작동은 이처럼 회귀적 폐쇄성 상태와 자기폐쇄 상태('자기 자신에 갇혀있는 상태')에 있다. 그러나 그럼에도 불구하고, 다른 한편으로는 전제할 수 있는 현실(세계)이 자신의 '절개'를 감당해낼 수 있다. 이 점들을 고려한다면, 세계와 관련하여 이런 현실과 호환될 수 있는 전제에 어떻게 이를 수 있게 되었는가? 이 질문에 대한 대답은 다음과 같다. "인지를 검증함은 그 자체로 존재한다"(WG: 527, 2019: 609). 그러나 이 맥락에서 검증은 무엇을 의미하는가? 내 판단이 옳다면, 검증 개념은 매우 물질주의적으로, 즉 실존적으로 이해되어야 한다. 말하자면 체계에 따라 특수하게 만들어낸 세계상이, 그것이 가리킨다고 주장하는 바로 그 세계를 강조하는 의미로 이해했다고 주장한다면, 그 상은 우리의 세계 관계에 방향을 제시한다는 점에서 상당한 현실 적실성을 가진다. 왜냐하면 우리는 1차 질서 관찰자의 의미에서 우리가 지금 하고 있는 일을 하도록 운명지어졌기 때문이다. 우리는 우리의 과업을 비성찰적으로 수행할 수 있을 뿐 아니라, 본질적으로 비성찰적인 방식으로 수행할 수 있다. 언제나 생각된 것이 사전에 존재해야 한다. 즉, 행위는 이후에 생각될 수 있기 전에 미리 존재해야 한다. 이것은 작동을 피해갈 수 없음을 의미한다. 작동이 세계에서 무엇을 야기했는지는 작동이 발생한 다음에야 볼 수 있다.

이 상황을 적절하게 고려하려는 이론은 작동에서 출발해야 하며 그것은 수긍할 만하다. 그 이론은 출발점으로 삼는 급진적인 시간적 제한을 이론 구성에서 벌써 드러내야 한다. 그리고 그것은 이론 자체가 이론이 기술하는 대상에 속하는 것으로 이해될 수 있음을 표현해야 한다. 왜냐하면 모든 사건은 세계 외부가 아니라 세계 내부에서 일어나기 때문이다. 그리고 우리 역시 세계 자체와 직면하고 있는 것이 아니다. 우리는 사회와 직면하고 있다. 그 사회는 우리가 우리 자신을 위해 마련한 세계인 것이다. 따라서 우리는 심지어 이론 구성까지를 포함하여 모든 사건이 사회의 외부가 아니라 사회

내부에서 일어난다고 말해야 하기 때문이다. 이 갇혀 있음의 문제를 근본적으로, 즉 주도 차이에서부터 작업하는 시도를 루만은 자신의 '체계/환경-차이' 이론으로 실행에 옮긴다. 그 이론에서는 사회는 논리적으로 체계이며, 체계의 관점에서 보았을 때 다른 모든 것은 환경에 속한다. 체계/환경은 조지 스펜서브라운의 비고정적 논리의 의미에서 '재진입re-entry'을 허용하는 '논리적으로 성찰적으로 구축된' 구분이다. 이것은 결정적인 지점이다. 말하자면 그것은 구분이 바로 그 자신을 통해 구분된 것에 다시 들어서는 것을 허용하는 구분이다.[60] 자신을 통해 구분된 것에 다시 들어서는 구분은, 같은 구분이면서 같은 구분이 아니다. 그것은 달리 표현하면, 항상 적용이 완료된 구분이다. 그것은 설명 불가능한 구분이다. 그러나 이 구분의 적용은 구분 자체에 의해 시작이 가능했던 바로 이 체계 사건 안에 진입됨으로써 성찰 가능하다. 그리고 그것을 통해 최초의 구분이 적용되어야 하며, 이 적용이 설명될 수 없다는 역설은 제거되지는 않지만 역설로서 작업할 수 있게 된다.[61] 작업한다는 것은 제거한다는 것을

---

[60] 체계/환경은 성찰적으로 구축된 유일한 논리적 구분이 아니다. 루만에 따르면, 그렇게 구성된 다른 구분은 차이와 동일성, 작동과 관찰 그리고 형식과 매체이다. 그 이론 양식에 있어서 루만이 적듯이 "어떤 구분을 가지고 작동적 압축과 차별 짓기의 실천을 시작하느냐 하는 것은 틀림없이 어떤 차이를 만들 것이다. 그것은 그런 이론이 항상 시작이 임의적이라는 것과 고유한 역사에 기초하는 이론이어야 한다는 것을 뜻하기도 한다" (1991c: 77).

[61] 무엇을 작업할 것인가는 아마도 사회의 하위체계의 작동 방식의 보기에서 가장 쉽게 분명해질 수 있다. 약호는 이미 다루었듯이 체계를 현재의 체계로 만드는 주도적 차이를 나타낸다. 약호는 본질적으로 설정된 것으로 그리고 내재적인 것으로 논증할 수 있는 것으로 유효할 필요가 없다. 약호의 차원에서 배제된 것으로 유지되며 구성적으로 배제된 것으로 유

뜻하지는 않으므로 다음 내용이 남아 있다.

"최후의 종점으로서의 (차이)동일성은 존재하지 않는다. 인식으로서 관찰 가능한 것은 차이에서 출발해 차이를 만들어내며 그렇게 유지된다. 관찰작동은 이미 사람들이 관찰할 때, 이중적 의미에서 차별적으로 조직되어 있다. 즉, 그것은 어떤 것을 지시하기 위해, **구분**에 기초하며 **차이**를 실행한다. 그리고 관찰의 관찰은 자신에게 어떤 다른 것을 하라고 요구할 수 없다. 그러므로 모든 시작은 구분을 가지고, 세계를 절개하여 (그 밖의 다른 어떤 것이 아니라) '이것을 지시할 수 있게 된다. 그것은 성찰 자신이 인식에 관련되기 위해 인식이고자 한다면, 자신의 실행의 논리에 있는 마지막을 생각할 가능성을 성찰에게서 빼앗는다. 그 마지막은 (기술적으로 혹은 비기술적으로 유발된) 자연 재앙이 될 것이다. 그때까지 구분은 항상 다른 구분으로 연결될 수 있다"(WG: 547~548).[62]

달리 말하면, 우리는 세계를 (그리고 그것과 함께 세계 안의 우리를) 인식하기 위해 빠져나와야 할 세계에 갇혀있는 상황에서 벗어날

지되어야 하는 것, 예컨대 진리/비진리의 차이의 (차이)동일성(말하자면 맹점)은 그러나 프로그래밍의 차원에서 체계 내에 다시 도입될 수 있다. 물론 약호를 통해 사전에 주어진 제한의 범위 내에서만 도입될 수 있다.

[62] 그러나 이렇게 '계속함'은 그러한 추상 수준의 차원에서의 기술이 믿도록 할 수 있는 것만큼 그렇게 임의적으로 가능한 것은 아니다. 구별의 적용이 항상 사회의 외부로부터가 아니라 내부에서 일어나기 때문에, 근본적으로 '모든 것이 가능하다'는 것은 없다. 가능한 것은 어떤 특수한 역사적 시점에서 특수한 사회에서 가능한 것에 달려 있다. 적어도 사회학자 루만은 그렇게 본다. 이 토포스에 대해서는 특히, "Tautologie und Paradoxie in den Selbstbeschreibungen der modernen Gesellschaft." Zeitschrift für Soziologie, 16(13) 1987: 161~174, "Frauen, Männer und Georg Spencer Brown." *Zeitschrift für Soziologie,* 17(1) 1988을 볼 것.

수 없다. 우리가 사용하는 관찰작동(또는 세계가 사용하는 관찰작동이라고 말해야 하는가?)은 바로 역설적인 상황을 그 기본 구조로 재현한다. 이중 차별적 작동으로서의 관찰은 그 자체가 역설적으로 구성되어 있다. 그것은 물론 인식을 가능하게 하기는 한다. 그러나 이 인식은 단순히 가정의 성격을 가질 뿐이다. 모든 인식은 "용어학적 가면"(Adorno)을 피해갈 수 없다. 서양의 기술적 진보를 고찰한다면, 그 가면의 뒤에서 명백하게 충분히 성과 있는 삶이 지속되어 왔던 것이다. 지금까지 말이다.

V. 성찰

V. 성찰

지금까지 다룬 내용의 결과들은 다음의 네 가지 정리로 요약할 수 있다.

1. 처음에 구분이 있었다/있다. 이 사실은 다음처럼 다른 방식으로도 핵심적인 것으로 파악할 수 있을 것이다. 처음에 하나의 행함(하나의 작동), 즉 구분이 있었다/있다. 이 활동함, 즉 구분은 생명을 가능하게 하는 조건이다. 그것은 세계가 절대적인 암흑 상태에서 우리를 위해 (!) 인지의 빛으로 옮겨질 가능성의 조건이기도 하다.

2. 그 가능성의 조건에서 생명과 인식의 사실성을 만들어내기 위해, 이 행함은 특수한 형태를 취해야 하며 그것은 '관찰'이 되어야 한다. 이 때 (사용된) 구분 안에 두 번째 구분이 '내적 복제'되면서, 즉 구분과 지시의 구분이 이루어지면서 구분작동은 관찰작동이 된다. 이 '두 번째' 구분은 기본적으로, 첫째 구분과 같은 것이면서도 같은 것이 아니기도 하다. 이 과정, 즉 달리 말해 자기 자신으로 구분되는 구분은 '단번에' 일어난다. 달리 표현하면, 이원성이 (차이)동일성

으로서 현재화된다. 이것은 우리에게 역설적인 생각이다. 관찰 없이, 즉 지시와 지시를 통한 확인 없이 구조 형성과 조직이 가능하지 않다면 (그때에는 후속 활동이 무엇에 연결되어야 하는가?) 그리고 이 관찰이 역설적인 작동이라면, 첫째 정리는 다시 정식화되어야 한다. 그것은 다음과 같다. 태초에 역설이 있었다/있다.

3. 그리고 구분과 지시의 구분이 (사용된) 구분 내에서 복제됨을 통해 지속 가능성의 조건, 즉 분명하게 역설을 야기하는 봉쇄가 해소된다는 점에서 다음의 정리가 유효하다. 처음에 탈역설화가 있었다/있다. 혹은 달리 표현하면, 처음에 (우리가 보기에) 모든 존재자의 역설적인 기본 구성의 비가시화가 있었다/있다.

이제 시작이 이루어질 수 있도록 첫째 구분이 주어지고, 루만식 표현으로 '작동상 도입되어야' 하며, 바로 이 구분을 통해 아무 것도 진술될 수 없다는 생각을 덧붙일 수 있다면, 루만적 생각의 결과는 다음과 같이 요약할 수 있다. 우리가 어떤 것을 이러저러하게 경험한다는 것은, 우리 자신에 근거하는 것으로서 존재한다. 우리가 세계 안으로 가지고 들어가는 모든 빛이 세계를 밝히는 것은 아니다. 더 정확하게 표현하면 그 빛은 우리가 우리 사고의 대상으로 수용하도록 강요받은 그 빛이 아니다. 그 빛은 스스로를 밝히기만 할 뿐이다.

4. 칸트 이래 바뀌지 않았던 근대의 사고 유형은 결코 새롭지도 않고, 그 완전한 귀결이 진지하게 수용되지도 않았다. 이 사고 유형은 이제 루만에 의해 급진적으로 종결된다. 루만에 따르면 우리가 세계를 정신과 질료, 인간과 사물로 구분된 것으로 경험한다는 주장 자체가 우리가 세계 안에 퍼뜨린 질서에 기초한다. 그러므로 우리의

행위가 원래 의미에서 기반이 없음에도 불구하고 우리는 우리 사고가 확실한 토대 위에 있다고 잘못 생각하는 경향이 있다. 이렇게 잘못 생각하는 경향은 진화의 발전에 힘입어 만들어졌다. 진화상 발전 과정에서, 우리는 고유한 매체인 소통을 통해 우리의 자기 이해와 세계 이해로서 유효한 것을 지속적으로 획득해내는 어떤 영역을 결정화해낼 수 있었던 것이다. 이상이 루만의 주장이자 지금까지 다룬 내용을 요약한 것이다.

이하 마지막 단원에서는 이전 작업에서 확보한 내용 가운데 두 측면을 성찰하게 될 것이다. 이론의 내용적 차원에 관해 타당한 까닭은, 루만은 사회학에서조차 그 의미를 평가하려는 시도가 제대로 이루어지지 못한 사회를 비중 있게 평가한다는 것이다. 에밀 뒤르켐을 제외한다면 말이다. 이때 루만은 지금까지 알려지지 않은 형식으로 사회의 위상을 제고한다. '사회적인 것'을 이렇게 평가절상하고 '개인적인 것'을 평가절하하는 것은 '구 유럽인'들이 수용하기에는 어려운 순간임에는 틀림없다. 그러므로 아래에서 이 지점에 대해 한 번 더 자세히 다룰 것이다. 그 이후에는 루만의 이론을 사회학 내에서만 생각하는 것이 그 이론의 가치를 폄하하는 것일 수도 있다는 생각이 만들어질 것이다. 이 단원에서는 '신 유럽적' 사고의 실행 가능성에 대한 기탄 없는 질문과 의심을 다룰 것이다. 이 질문과 의심은 이 단원과 이 책의 논점의 결산을 이룬다.

1. '관찰자'에 대한 논평 — 또는: 인간은 어디에 있는가?

상기해보자. 관찰 또는 관찰자 개념은 체계가 작동적 차원에서 외부 세계로 나아갈 수 없음의 전제로서 존재한다. 우리가 살펴보았던 것처럼 루만은 관찰의 기본 작동에 대해 생명, 의식, 소통의 세 가지 상이한 작동 영역을 지정한다. 이러한 세 체계 유형은 제각기 상이한 최종 요소를 갖는 작동이 자기준거적이고 작동상 폐쇄적으로 진행된다. 소통 영역, 즉 사회적 체계의 영역에 관련해서 그로부터 끌어낼 수 있는 결론은 다음과 같다. 즉 루만은 '구 유럽적인 사고방식에서' 의식의 동작으로서 이해되는 이해의 능력을 그 주체와의 연관에서 떼어내어 소통 영역에 귀속시킨다. 말하자면 특수한 연관성에서 어떤 것이 주체에 의해 이해되거나, 수용되거나, 거부되거나 속행되는지를 독자적으로 감독하며 결정할 능력이 있다고 간주되는 것은 소통이다. 물론 소통의 '이해'는 주체가 이 소통 과정에 참여하고 있다는 점을 전제해야 한다. 그러나 소통의 '이해'는 주체의 이해 능력으로 단순화되지는 않는다.

이 전제는 가다머의 해석학을 떠올린다면, 처음에 생각할 수 있는 것보다 그렇게 혁명적인 것은 아니다. 이것은 다음 진술을 포함하고 있다. 의식의 작동상 폐쇄성을 극복하기 위해서는 '구 유럽적으로', 즉 사회성을 지향하며 인간에게 본질적인 개별성을 극복해내기 위해 대가를 치러야 했고 치러야 한다. 이 때 주체의 자율성을 포기해야 했고 포기해야 한다. 그것이 한 가지 중요한 점이다. 다른 중요한 점은 개인과 사회의 관계가 새로이 개념화되어야 한다는 것이다.

루만의 전제가 전통적 사회학과 근본적으로 구분되는 유일한 점은 바로 이 점과 관련했을 때이다. 첫째 사항과 관련된 자기결정 과제에 관해서는, 루만은 '사회에 의해 개인이 결정됨'이라는 표제어 하에 늘 토론되어오던 것을 철저하게 논리적이며 급진적으로 생각했다는 것이다. 칼 마르크스는 의식이 사회 안의 존재 조건을 결정하는 것이 아니라, 사회 안의 존재 조건이 의식을 결정한다는 점을 천명함으로써 사회적인 것이 개인적인 것에 대해 우위를 지닌다는 생각을 표현했다. 그런데 이러한 독특한 사회학적인 학설의 진정한 핵심은 루만이 사회적인 것을 사회적 체계로 정식화함에 따라 한층 더 급진적으로 표현된다. 마르크스는 자신이 확인한 주관적인 것에 대한 객관적인 것의 통치권이 잘못된 역사 발전의 표현이며, 수용해야 할 자연적인 사실이 아니라는 견해를 가졌다. 대부분의 자신의 아류들과는 달리 말이다. 그리고 마르크스는 알려진 것처럼 이 잘못된 역사 발전이 교정되어야 한다는 데에서 자신의 분석을 출발한다. 그는 계속해서 자본주의 사회에서 사회 안의 존재 조건에 의해 의식이 결정된다는 것과 관련된 공리를 포기하지 않으면서 잘못된 역사 발전을 교정할 수 있기 위해, '혁명적 의식'이라고 일컫는 현상을 환기시킨다. 혁명적 의식은 프롤레타리아의 자기해방 활동에 기초하여 발생하는 것으로 간주된다. 일상적 언어로 표현하면, 이 활동에서부터 만들어지는 '올바른' 사회에서는 의식이 사회에 의해 결정된다는 것이 새로운 형태를 띨 것이라는 것이다. 그때에는 (그리고 물론 그때에만) 주체성과 객체성은, 쉽게 말해 지배와 무관하게 서로를 고무할 수 있게 된다. 마르크스가 자신의 혁명 공리로 제시하는 해결책이 설득력이 없다 하더라도, 그는 다른 사회학 이론가들과는 달리 사회학을 구성하는 문제를 분명하게 인식했을 뿐 아니라 진지하게 생각했다. 그러나 마르크스의 사회학은 주체의 자율성에 대한 서양의 전통적 생각을 붙드는 한 편, 다른 한 편으로 또한 사회학으로서의 고유한 학문적 지위를 붙들기 위해 사회적인 것의 통치권을 전제함으로써 발생하는 모순을 해결하지 못했다. 달리 표현하면, 다른 주체인 사회적 결정성을 침해하지 않으면서 "자율적 행위 능력이 있으며 자신과 같은 주체"(U. Oevermann)를 동시에 가질 수는 없다는 것이다. 물론 그 반대 경우도 생각할 수 없다. 양극을 중재하려는 시도는 지금까지 사회학의 핵심 문제 가운데 하나였다. 그 문제에 대한 해결은 대개 사회적 결정성의 방패를 높이 들고 그 반대 극인 주체를 사회화 이론에 넘겨주는 방법으로 모색되었다.

루만은 이 사이비 해결책에 동의하지 않는다. 루만은 사회적인 것을 독자적인 사건으로 선언하고, 인간을 그 사건의 환경에 배치함으로써, 개인과 사회의 관계에 관한 언급된 문제에 대해 근본적으로 새로운 해석을 만들어낸다. 의식이 사회적 존재를 결정하는 것도 아니며 사회적 존재가 의식을 결정하는 것도 아니다. 인간은 자율적 주체도 아니며 사회적으로 결정되는 것도 아니다. 루만은 우리가 익숙하게 인간으로 표현하는 것을 (환경 안에 있는) 부속 무대의 위치에 지정했다. 그것을 통해 인간과 사회의 중재성을 생각해야 하는 성가신 문제는 쓸데없게 된다. 주체성과 객체성이라는 양극의 중재성을 생각하는 것이 사회학에서 전혀 해결되지 않은 문제라는 점에서 루만의 기여는 이것과 관련한 새로운 문제 해결 시도로 이해할 수 있다. 이 시도에서 새로운 것은, 어느 정도로 사회적 사건에 자율을 인정할 것인가 하는 것이다. 홉스에서 하버마스에 이르기까지 사회는 (그렇게 말해도 된다면) 인간을 위한 모임으로 이해되었다. 루만은 그렇게 보지 않는다. 루만의 이론은 소통을 통해 성립된 사회적 사건이 한 번 수립되면 절대적인 자율성을 가진다는 점을 인정한다. 인간은 환경에서부터 '2차 질서 관찰'의 차원으로 가는 것처럼 발생하는 것을 루만의 방식으로 '관찰할' 수 있다. 인간은 사회에 (인과적) 영향을 미칠 수는 없다는 것이다. 물론 인간은 '1차 질서 관찰자'로서 항상 사회의 부분이다. 그러나 이것은 의도적으로 의식적으로 조종하면서 이루어지는 관계는 아니다. 인간은 이른바 자기 역동적으로 진행되는 사건에 대해 일종의 '자극 제공자'로 개념화된다. 루만은 그런 식으로 자신의 이전과 동시대의 모든 사회학적 이론 분파보다 사회학의 깃발을 더 높이 들어 올린다. 그러나 흥미롭게도 전문 사회학 공동체는 지금까지 이 사회학적 선언을 인정하는 데에 인색하다.

사회학 공동체와 다른 학문분과 공동체들은 루만이 개념화하는 사회적인 것의 형성과 관련해 주체가 어느 정도 무력화를 감수해야 하는지의 문제로 인해 혼란에 빠진다. 왜냐하면 루만의 생각에 따르면 인간이 자신의 이성적 행위를 통해 사회를 더 나은 상태로 바꿀 능력이 있다는 구 유럽적 사고 유형은 결국 쓸모없어지기 때문이다. 사회와 관련해 형성을 언급하려 한다면, 루만과 함께 근대사회의 분화의 결과인 기능체계의 작동을 참조해야 한다. 그러나 전체 체계가 부분체계에 의존하는 바로 이 상태는 근본적인 문제들 포함하고 있다. 그것은 모든 부분체계가 고유한 주도 차이에 따라 작동한다는 것을 말한다. 그리고 이것은 이 모든 하위체계가 자신의 환경, 구 유럽적으로 말하자면 자신의 세계관을 자율적으로 구성한다는 것을 뜻한다. 사회는 부분체계의 외부나 위에 존재하지 않는다. 즉, 우리가 사회라고 일컫는 것은 부분체계가 드러낸다. 그리고 동시에 드러내지는 않는다. 이 점에서 보자면 루만의 입장에서는 이성적 사회에 대한 생각은 하위체계의 작동 방식과 관련해서만 주제화될 수 있다. 그러나 하위체계들 각자의 주도 차이는 이질적이다. 학문에서는 진리가, 법에서는 정당성이, 경제에서는 돈이다. 이것은 첫째, 모든 하위체계가 사회를 각자 특수한 방식으로 재구성하며, 둘째, 모든 부분체계가 자신이 침범하거나 우회할 수 없는 고유한 합리성 기준을 가진다는 결론이 도출된다. 이 배경에서 사회와 관련된 이성에 대해 말해야 한다면, 이것은 구 유럽적 이성 개념을 수정함을 통해서만 가능하다. 어떤 식으로 도출되는 것이든, 이성은 더 이상 실현시켜야 하는 상태가 아니다. [그보다는] 이성은 선택할 수 있거나 선택할 수 없는 구분을 뜻하는 합리성의 의미로 생각되어야 한다. 그렇게 생각한다면 이성은 선택 장소나 시점에 따라 상이한 방식으로 실현할 수 있다는 점이 유효하게 된다. 합리성은 루만에 따르면 "입지에 의존하지 않는 것으로"(ÖK: 254) 생각되어야 한다는 것이다. 어떤 문제에 대해 원칙적이며 최종적으로 이성적인 해결은 없다는 점을 이해해야 한다는 것이다. 존재하는 것, 그것은 '무효 선언이 있을 때까지 유효할 의미론적 확정'이다. 그 뿐이다. 존재하는 것의 이러한 한시적인 의미론적 확정은 또한 사회의 부분체계에 따라 특수하게 유효할 수 있다. 그리고 부분체계들은 사회를 **재구성하기는** 하지만 **서술해내지는** 않는다. 이 내용들을 고려한다면, '이성적 사회'라는 용어는 궁극적으로 쓸데없는 것이 되었다. 적어도 구 유럽적으로 이해했을 때에는 말이다. 여기까지가 이론에 관한 것이다.

그리고 실천에 관해서는 무슨 말을 할 수 있을 것인가? 우리는 사회에서 행위자로서 실제 특정한 가치들을 철회하지 못하도록 확정해두어야 한다는 점을 포기할 수 있는가? 달리 표현하면 그렇게 명백하게 논증할 수 있는 과거의 가치를 이론에서 상대화시키는 것을 감당해낼 수 있는가? 달리 질문하면 모든 가치가 근본적으로 구성된 것이며 그래서 교체 가능하고 극복 가능한 것으로 간주하는 사회를 어떻게 생각할 수 있는가? 제기된 질문이 구 유럽적 망대에서는 얼마나 가까이 있는 것으로 보이든 간에, 그에 대한 대답은 쓸데없다. 왜냐하면 우리는 근본적으로 이미 오래 전부터 모든 가치와 태도를 우연성에 넘긴 사회에 살고 있기 때문이다. '여기에 내가 있고 나는 다른 모습으로 존재할 수 없다'는 기본 원칙에 따른 행동은 오늘날 설득력이 있기보다 우스꽝스럽다. 모든 문화적 정체성이 근대주의 이전과 근대주의 이후의 통일 구조 안에 포함되는 매체를 통해 관계화된 사회에서는, 원칙적으로 동참하기와 느껴보기와 같은 모토가 유효하다. 이것은 바로 시대정신에 상응하기도 한다. 민첩성과 소통이 거꾸로 가치를 나타내는 것처럼, 근대사회에서는 유연성과 적응 능력과 소통 능력이 매력적인 단어가 된다. 이것이 첫째 내용이다.

둘째 내용은 임의성의 사회로 나아가는 이 발전이 흥미롭게도 새로운 근본주의의 발생과 짝지어져 있다는 것이다. 여기서는 임의성으로 저기서는 '정치적인 솔직함'의 현상으로 나타나는 이러한 대립들은 다음 방향의 질문을 이끌어낸다. 근대사회에서는 정치적 동기에서든 종교적 동기에서든 생태적 동기에서든 새로운 근본주의들이 발생한다. 이것은 순수한 '의미론적 확정'으로 인간이 과도한 요구에 시달리고 있다는 것을 방증하는 것으로 볼 수 있는가? 그것은 어쩌면 인간이 세계에 맞서 의식적으로 입장을 취할 능력을 가진 존재로서 바로 이 입장을 선택하기 위해 어떤 토대를 필요로 하며, 이 토대를 우연적인 것으로 경험하지 않아야 한다는 뜻과 비슷한가? 그러나 방금 제기한 질문에 수긍해야 한다면, 그 다음에는 구성주의와 우리의 인식 구성의 '심연'과 관련해서 루만이 우리에게 추정하는 그 경험이 실제 경험될 수 있는가라는 새로운 질문이 추가된다.

이 고려에 대해 어떤 입장을 취하든 간에, 루만의 이론이 인식론적으로 논증하는 것과 사회적 현실로서 발생했던 것, 즉 모든 가치의 우연성에 관한 지식이 개인과 사회에서 붕괴와 포기로 이끌거나 오래전에 이끌었다는 점은 가리키는 바가 많다. 근대사회가 포기해야 하는 도덕의 상실이 오늘날 가장 많이 토론되는 토포스의 하나인 것은 우연이 아니다. 매우 명백하게도 문제는 얼마나 덧없는 것이든, 적어도 인간에게 행위 지향을 제시할 수 있었던 구 유럽적 이성 개념이 오래 전 설득력을 잃어버렸고, 그렇지만 전체 사회의 맥락에서 도덕에 할당된 기능을 대체하는 기관이 나타나지 않는다는 점일 것이다. 이 상황에서 우리는 위력을 많이 발휘한 시대정신이 전체 사회의 의미 적용 기능을 넘겨받는다는 사실을 수용해야 한다. 이것은 물론 우리가 알고 있어야 하겠지만, 매우 유연할 뿐 아니라 고도로 유혹적이다.

제목에서 제기된 질문은 '인간은 어디에 있는가?'이다. 이 질문에 답하려면 자기준거적 체계 이론의 근본적인 효과, 즉 주체가 무력화되었음을 강조하며 참조해야 할 것이다. 제기된 질문에 대해 마찬가지로 강조하며 대답하려 한다면 다음과 같은 대답을 할 수 있을 것이다. 인간은 사회적 현실에서 그가 실제 처하는 곳에 자리가 정해진다. 이러한 자리매김은 루만 이론에 의해 이루어진다. 인간을 이끌고 조종하는 사건의 변두리에 말이다. 약간 평범하게 말하면 루만 이론에서 주체가 경험하는 무력화는 이미 오래전 현실에서 주체에게 일어났다. 이 사실적 관점은 이제 일상적 이해에서 전혀 낯선 것이 아니다. 그러나 그 관점은 그것의 이론적 반영에서만 뚜렷하게 낯선 것으로 나타난다. 이것은 우리가 매일 보고 경험하는 것을 어떤 특수한 방식으로 해석하는 데에 익숙해 있기 때문일 것이다. 우리는 경험된 것을, 수정할 수 있는 것, 언젠가 그리고 어떻게든 극복될 것, 우리가 전제하는 사회의 잘못된 발전의 반영인 것으로 자리매김한다. 그런 생각에 따르면 얼마나 먼 이후가 되든 주체는 그런 고민 가운데 성장할 것이며, 그리고 (지배해방 담론의 범위 내에서?) 모든 것은 더 좋아질 것이다.

이제 우리는 어떻게 역사적 사실과 명백하게 상반되는 그런 태도에 이르게 되는지를 질문하게 된다. 이 질문은 동시에 구 유럽적 사고의 기본적인 계기의 중요성을 의문시하는 질문이기도 하다. 어쨌든 이 질문에 대한 대답은 우리의 세계관에 그 책임이 있다고 말할 것이다. 즉, 주체/객체라는 주도 차이의 범위를 벗어나지 못하는 생각은 사회적 상황에 대해 묘사된 해석을 가능하게 할 뿐 아니라 그것을 바로 강요한다. 또한 주체는 객체와의 관계에서 객체를 본질적으로 열등한 것으로 나타나게 하는 어떤 능력을 갖추고 있는 것으로 생각된다. 이런 이유들 때문에 객체가 주체와의 관계에서 자신의 주권을 **영원히** 지탱할 수 있을 것이라는 생각은 원래 의미에서 생각되지 못한다. '통제의 환상'은 그러한 사고 유형의 범위에서는 이미 예정된 것이다.

반면 차이이론적 발상은 다르다. 그것은 어떤 다른 관점을 허용한다. 그리고 그 관점은 추측컨대 사물에 관해 절대적으로 현실적이다. 루만 사상에서 끊임없이 도출되는 전제는 인간이 어떤 그럴 듯한 것을 가지고서도 자체 동학에 따른 사회의 진행을 저지할 수 없다는 것을 말하고 있다. 루만은 우리가 느끼기는 하지만 인지적으로 감히 고백하기를 꺼리는 것을 분명하면서도 오해의 여지없이 표현한다. "사회로서 현실화된 것은 **최악의 상황**을 우려할 계기를 주지만 **거부될 수 없다**"(SA 5: 233)는 추정이 바로 그것이다.

말하자면 마르크스가 인간의 등 뒤와 인간의 머리 위에서 작용하는 사회의 원래 조종 기능을 자본에 할당했다면, 오늘날 이 관계는 더 복잡해 보인다. 루만은 경제 약호, 말하자면 (돈의) 소유/비소유를 다른 여러 주도 차이 가운데 하나로 볼 뿐이다. 기능체계로 독립분화된 근대사회에는 인간의 행위와 세계 해석에 대한 결정권을 행사하는 수많은 조종 매체들이 있다. 물론 인간과 사회의 관계와 관련해서 본다면 마르크스와 루만은 분석 결과에서 차이를 보이지 않는다. 두 석학 모두 사회적 존재를 조종하는 것이 인간이 아니라는 데에 동의한다. 그렇지만 루만은 그것을 넘어서서 한 가지를 더 말해준다. 그것은 진화상 발생한 기능적 분화를 피할 수 없기 때문에 기능체계의 매체의 편에서 이루어지는 조종 또한 피해갈 수 없다는 것이다. 마르크스가 이런 종류의 관계가 철회될 수 있는 관계라는 생각을 펼쳐나갈 수 있었던 것에 비해, 루만은 그런 생각이 근거 없다는 분석 결과를 제시한다. 이 생각이 근거 없다는 것을 애석해 하는 것과, 이것을 애석해 하는 태도가 현실의 사실을 적절하게 해석한 것이 아니라고 보는 것은 다른 일이다. 이론적 전제의 적절성이나 부적절성은 사회적 현실에 비추어 검토해야 할 것이다. 그리고 루만의 분석은 이런 검토에 있어 근거 있는 여유를 누릴 수 있다.

2. 형이상학적 함의

니클라스 루만은 형이상학과 관련되는 것을 두려워하지 않는다. 루만은 자기준거적 체계 이론이 '존재의 자기준거에 대한 최초의 철학'이나 '최후의 철학'으로 이해되기를 원치 않았으며 '철학으로 분류되는 것'을 회피하려 했다. 그렇지만 루만의 이론과 형이상학 사이에 "어떤 관련성이 있음을 부인할"(SS: 145, 2019: 198) 수는 없다. 그리고 루만의 사상을 실제 사회학적 관심이 아니라 철학적이며 인식론적 관심에서 접근한다면, 그의 고려는 사회학적이며 학문적 맥락을 완전하게 파괴하는 함의를 지니고 있으며, 전통적 사상도 새롭게 조명한다. 아래에서는 이 유사한 구성 가운데 몇몇을 보여주고, 옛 '지식'을 루만에 근거하는 새로운 해석에 비추어 검토할 것이다.

형이상학에 의해 세계로 옮겨진 질서, 즉 현상의 세계에 영원한 진리의 세계가 맞서 있는 것으로 생각되는 질서에서 논의를 시작해 보자. 이 전통적 형이상학적 전제를 루만의 관점에서 고찰하면, 첫째, 전술된 질서는 특별한 구분을 통해 세계로 왔으며, 그 세계는 역사적으로 선택되었으며, '연결 능력이 있는 것으로' 입승뇌었다. 적어도 최근까지 말이다. 우리는 그렇게 세계를 질서지을 수 있다. 그러나 꼭 그런 식으로 질서지을 필요는 없었다. 세계를 그렇게 질서 지을 수 있다면, 그것은 그러한 질서 지음 다음에 어떤 연결 가능성이 있을 수 있으며, 그 질서 지음을 통해 제거된 연결 가능성과 관련해 어떤 결과를 가진다. 그러나 형이상학의 구분에서 무엇을 이끌어낼 수 있는가? 그 대답은 다음과 같다. 이 구분은 근본적으로 두 가지 방향의 연결 가능성, 말하자면 주로 인지적 노력과 기타 노력을 현상의 세계에 집중하든지, 아니면 본질의 세계에 집중하든지의 가능성을 허용한다. 우리가 알고 있듯이, 역사적으로 보았을 때 현상의 세계에 집중하는 첫째 노력은 오늘날에 이르러 비로소 실현되었다. 오늘에야 자연 지배의 원래 의미가 뚜렷해졌으며 또한 자연 지배의 모든 함의도 함께 실현되었다. 인간이라는 부류는 선택을 실행했으며 그에 대해 책임을 져야 한다. 그것은 우리의 첫째 결과이다. 전통에 따라 생각해오던 것을 루만의 개념에 힘입어 고찰한다면 새로운 관점이 열린다. 인간에게 허용되었고 인간이 가지고 있는 선택의 자유가 시야에 들어온다. 그렇게 본다면 '처음에 차이가 있다'는 정리는 인식론적 차원을 넘어서는 또 다른 전제를 포함한다. 그것은 다음과 같다. '태초에 자유가 있다.' 혹은 달리 표현하면, 태초 이래 인간 자신의 행함에 대한 인간의 책임성이 있다.

'처음에 차이가 있다'는 정리는 '물리적 세계'의 영역과 관련한다. 우리가 알게 된 것처럼, 루만은 이 영역을 '표시되지 않은 상태'와 구분한다. '물리적 세계'는 작동의 세계, 관찰의 세계이다. '표시되지 않은 상태'는 전제되어야 하는 '어떤 것'이다. 그것은 우리가 우리의 구분을 가지고 '절개해 들어가는' '어떤 것'이다. 이제 이 전제를 가지고 다른 선택 자유의 테제를 성경의 특정한 진술과 대비시키면 다음과 같은 흥미로운 유사한 구성이 드러난다. 이 책의 논지에서는 창세기 텍스트는 '표시되지 않은 상태'를 말하며 '인간타락 공리'

는 물리적 세계가 생성되었음을 의미한다. '표시되지 않은 상태', 즉 구분 없는 세계는 성경에서 아담과 하와가 눈 먼(!) 채 행위하는 '낙원'으로 이해된다. 그러나 흥미롭게도 보는 법을 배울 가능성은 유혹의 의미로 특징지어지고, 낙원적 상황에 고유하게 허용된 것으로 이해된다. 우리가 알다시피 아담과 하와는 그 유혹을 뿌리치지 못한다. 성경은 이 사건의 결과를 간결하게 '그들은 서로 다름을 알아보았다'는 진술로 특징짓는다. 루만의 관점에서 본다면 성경에 기록된 이 사건은 다음과 같이 해석할 수 있다. '인간 타락'의 순간은 시작이 이루어질 수 있기 위해 최초의 구분이 적용되어야 한다는 루만의 전제를 의미한다. 이 최초 구분이 적용된 남자와 여자의 구분은 성경에서 모독, 신의 명령의 위반(!)으로 이해된다. 이 '행위'의 결과는 낙원이 (우리에게) 모든 알려진 결과를 가져온 '물리적인 세계'로 바뀌었다는 것이다. 이제 우리는 하와가 선악과를 따먹거나 따먹지 않을 선택을 (최초의 구분으로서) 실행했다고 생각할 수 있다. 그렇다면 성경의 그림은 선택의 자유에 대한 루만 이론의 의미와 매우 유사한 다른 어떤 해석의 대상이 될 수 있다. 그 해석은 어떤 인격적 존재나 사물이 신이든 간에, 지금까지 세계가 이루어진 것과 앞으로 이루어질 것에 대해 책임 질 필요가 없다는 것이다. 우리가 어떤 일에 참여한다는 것은, [우리의 결정으로 인해] 우리 스스로 책임을 져야 할 창조가 어떤 결과를 만들어낼 것인지를 살펴보는 거대한 시도로 이해될 수 있다. 인류가 이러한 자기 책임을 갖게 되었다는 것을, 기독교의 표상 언어를 루만의 의미로 해석하여 이해한다면, 신이 지시한 것으로 이해될 수 없다. 그것은 인간의 자유로운 선택의 결과로서 이해되어야 한다.

이제 서양의 형이상학을 구성하는 존재와 현상의 구분으로 되돌아와서 차이이론적 발상의 또 다른 기본 전제를 가지고 그 구분을 다루어보자. 여기의 의도는, 적용되는 모든 구분은 두 개의 다른 측면을 가지고 있으며, 그렇지 않다면 구분이 존재하지 않는 것이라고 전제하는 데에 있다. 말하자면 구분 **안에서는** 하나의 면이 둘째 면의 다른 면이며 그 역도 성립한다. 그러나 양 면을 구성하는 토대인 **구분 자체**(즉, '구분의 (차이)동일성')는 구분된 것의 다른 면으로 이해되어서는 안 된다(SA: 87). 즉 구분을 특징짓는 것은 두 상이한 면에 내재하는 더 이상 분해될 수 없는 상호 지시 상태이다. 하나의 지시 상태는 다른 것 없이 존재하지 않으며, 다른 지시 상태는 그 하나의 지시 상태 없이 존재하지 않는다. 그 이상으로 다음을 말할 수 있다. 그 하나는 다른 것에 힘입어서 현재의 그것이 될 뿐이며, 다른 것은 그 하나에 힘입어서 현재의 그것이 될 뿐이다. 그러나 그것들 사이에 있으며 그 하나와 다른 것의 존재를 가능하게 하는 관계는 무엇인가? 무엇이 '구분의 (차이)동일성'인가? 특히 첫째 질문은 헤겔을 상기시킨다. 그리고 실제 변증법에 대한 루만적 사고의 맥락은 한 편의 헤겔 변증법과 다른 편의 자기준거적 체계 이론이 양립 불가능한 것처럼 명백하다. '구분의 (차이)동일성'은 헤겔과 기독교의 삼위일체론에서 공히 신적 존재이다. [이것은 적어도 두 가지 논거를 가진다.] '구분의 (차이)동일성'은 (구분의 결과로서) 하나를 하나의 것으로 다른 것을 다른 것으로 만들며, 다른 방식으로는 차이가 구성될 수 없기 때문에 근본적으로 양 면을 자신 안에 포함시켜야 하기 때문이다. 그리고 신적 존재도 바로 이러한 속성을 가지고 있다. 그 신적 존재는 다른 것으로 세계를 구성하고 스스로는 자기소외에

처함으로써 세계에서 자신을 발견하기에 이르는 존재이다. 이런 점에서 이 사고방식에 따르면 경험적 세계의 사물은 신적 존재를 포함하는 동시에 (아직) 포함하지 않고 있다. 이 때 헤겔의 변증법적 사고에서 결정적인 것은, 역사적 발전을 최종적으로 존재와 현상의 동일성으로 귀결된다고 본다는 점이다. 처음에는 존재하지 않은 것이 신적 치유 역사의 결국에는 존재하게 될 것이라는 것이다. 그것은 실현된 신의 이성이다. 달리 표현하면 헤겔은 존재와 현상의 차이가 최종적으로 완전한 전개에 도달한 존재의 동일성으로 개화한다고 본다. 그러나 루만은 바로 이 동일성 명제를 가지고 있지 않다. 그리고 그의 이론은 그 때문에 제한적으로만 변증법적이라고 말할 수 있다.[63] 그의 사고는 모순을 지양하지 않는다. 모순은 오히려 헤겔보다 훨씬 더 급진적인 의미로 해석되어서, 유보되어야 한다. 그보다는 루만에게는 상호 배제가 동시에 결합되어 있다는 점에서, 그의 생각에서 모순은 역설의 형태를 띠고 있다. 그리고 바로 그것이 우리가 알 수 있는 최종적인 지식이다.

우리가 알 수 있는 최종 지식은, 관찰할 뿐이라는 것이다. 우리가 그렇게 하지 않으면 세계는 절대적인 무에 귀속될 것이기 때문에, 우리는 '구분하고 그리고 지시해야' 한다는 것이다. 그것이 그렇지만 다른 한 편 마투라나와 바렐라가 생각한 것처럼, 모든 생명 형식이

---

[63] 슈테판 브로이어는 관점의 변화 없는 '부정의 부정'이라는 특징이 있는 아도르노의 부정적 변증법이 루만의 사상과 차이가 많은데도 비슷하다는 점을 "Adorno, Luhmann. Konvergenzen und Divergenzen von Kritischer Theorie und Systemtheorie"에서 매우 정밀하게 작업해냈다. *Leviathan, 15(1)*, 1987을 참조할 것.

동시에 인식의 형식이라는 점이 유효해야 한다면, 관찰작동의 구조에 대한 진술은 아직 다른 것과 관련되지 않는다. 그 다른 것은 그것을 가지고 생명을 지탱하는 마지막 것의 구조와 관계있는 전제도 만들어진다는 것이다. 루만에 따르면 이 마지막 것은 역설적으로 구성된 것으로 간주되어야 한다. 우리의 인지적 장치가 원래 의미의 역설을 해독할 수 없기에 우리는 생명의 담지를 감당해낼 수 없다. 그것이 한 가지 중요한 점이다.

다른 중요한 점은 관찰이 지속되고, 그렇게 세계가 '표시되지 않은 상태'의 무로 '추락'하지 않으려면 역설이 지니는 추후 작동 봉쇄의 특징이 보이지 않게 되어야 한다는 점이다. 그리고 바로 이 경우에 루만은 다음 질문에 대해 구조적으로 새로운 대답을 준다. 그 질문은 우리의 모든 질문이 궁극적으로는 무에 이르게 된다는 것을 우리가 루만 이전부터 알고 있는데도 우리는 왜 질문하는 것을 멈출 수 없는가라는 것이다. 우리는 질문하는 것을 멈출 수 없다. 그리고 바로 이 태도가 우리를 궁극적으로 형이상학적 질문으로 이끈다. 왜냐하면 우리를 지탱하며 관찰작동의 구성에서 나타나는 역설이 멈출 수 없는 운동을 불러일으키기 때문이다. 루만은 그 운동을 자기생산이라 일컫는다. 자기생산은 어떤 것이 현재 상태에 있다는 생각에 우리가 머물러 있을 수 없도록 한다. 다른 한편으로는 우리가 제기한 질문에 대해서는 대답이 존재할 수 없을 것이다. 왜냐하면 그 질문이 궁극적으로 지향하는 것, 즉 '표시되지 않은 상태'는 모든 질문을 가능하게 하는 조건으로 유효해야 하기 때문이며 그런 점에서 따라 잡을 수 없기 때문이다.

이제 우리의 모든 관찰이 어떤 빈 곳을 지향한다는 사실을 인지적으로 파악하는 것이 동전의 한 면이며, 이 경험을 실존적으로 수용하는 것이 동전의 다른 측면이다. 그러므로 우리가 알고 있는 모든 역사적 사회가 진술된 빈 곳에 대한 경험을 인간이 처리할 수 있도록 도움을 줄 수 있는 기관을 만들어내었다는 점이 분명해진다. 전통적으로 종교가 이런 의미에서 보충적으로 작용하는 기능을 지금까지 수행해 왔고 앞으로도 수행할 것이다. 그러나 전반적으로 논의되는 것처럼 종교는 이 보충 기능을 점차 상실한다. 구조적으로 보았을 때 그것에 대해서는 기본적으로 두 가지 이유를 거론할 수 있다. 첫째, 근대의 인간이 그런 보충의 경험을 더 이상 필요로 하지 않는다는 점을 생각할 수 있을 것이다. 둘째, 종교가 원래 의미의 종교적 해석을 가지고 근대 인간을 더 이상 설득할 수 없다는 점이 대답이 될 수 있다. 둘째 전제에 주목한다면 종교가 어째서 수천 년 전부터 자신이 담당해 왔던 보충적 기능을 갈수록 상실하는지를 밝힐 수 있을 것이다.

   루만과 함께 종교를 내재성/초월성이라는 특수한 주도 차이에 따라 작동하는 사회의 기능체계로 이해한다면, 새로운 방식으로 종교의 근본적인 문제가 시야에 들어온다. 모든 체계, 즉 종교에 대해서도 알려진 바와 같이, 구성하는 주도 차이의 '(차이)동일성'에 대한 질문이 제기된다. 이 질문을 달리 그리고 일상적으로 표현하면 다음과 같다. 종교는 자신의 지식을 어디에서 취하는가? 그리고 종교는 그 주제를 다른 방식이 아니라 자신을 대표하는 방식으로 어떻게 작업해야 하는가? 모든 체계와 마찬가지로 종교 또한 그것의 '주도 차이'의 (차이)동일성이 지니는 수단과 방법을 발견해야 한다. 종교 역시 주도 차이의 (차이)동일성을 구성하는 역설을 '펼치는' 수단과 방법을 발견해야 한다. 시간적, 사실적, 사회적 수단과 방법 말이다. 구원자기독론적 종교들의 경우에 가시화되어서 안 되는 것은 신의 창조행위론을 통해 시간적이며 사실적으로 비가시화된다. **먼저** 신이 있었고, **그 다음에** 세계가 있었다. **그곳에** 초월의 세계가, **이곳에** 내재의 세계가 있다. 창조 사건을 전제하는 것은 내재와 초월을 분리된 영역으로 입증하기 위함이며 그것을 통해 내재와 초월을 분리하여 작업할 수 있도록 만드는 기능을 가진다. 그리고 이것은 결정적이다. 따라서 (차이)동일성의 시간적이며 사실적 분리는 그때부터 초월적인 것의 영역에 집중하고 그것을 소통으로 형성할 수 있도록 해준다. (차이)동일성의 분리는 원래 기본 문제의 비가시화를 사회적으로 착근시킬 가능성도 만들어낸다. 이제 역사 발전의 범위에서 이 초월적인 것의 형성이 더 이상 설득력을 갖지 못하는 어떤 지점에 이른다면, 이 형성의 역사적 그림은 신뢰를 상실할 뿐 아니라 초월성 자체가 더 이상 자리매김할 수 없는 상황에 처하게 된다. 그것을 제기할 수 없도록 하는 것이 비가시화 전략의 과제이자 기능이었다는 점을 볼 수 있게 되는 것이다. 그것은 바로 "내재와 초월의 차이의 (차이)동일성"(SA 4: 253)에 대한 질문이다. 시야에 들어오는 것은 종교 역시 세계 안의 모든 다른 사건과 마찬가지로 토대를 넓힐 능력이 없으며, 그 때문에 위에서 다룬 빈 곳과 관련해 보충적으로 영향을 미치는 기능이 문제시된다는 점이다. 그렇다면 이제 종교가 마침내 쓸모없는 것이 되었다는 것을 뜻하는가?

　루만적 사고의 맥락에서 제시될 필요는 없지만 제시될 수 있는 대답은 쓸모없게 된 것이 종교가 아니라, 종교가 질문을 제기하고 대답을 주는 방식이라는 것이다. 왜냐하면 '볼 수 없는 것은 볼 수 없다'는 것을 이해할 수 있는 지점에 인지적으로 부딪혔다면, 바로 이 사실을 종교적 관찰을 포함한 모든 관찰의 구성적인 순간으로 진지하게 받아들여야 하기 때문이다. 종교에 있어서 이것은 구약의 우상금지를 새로운 방식으로 다룬다는 것을 의미한다. 종교에 있어서는 신이라는 용어나 초월적인 것(관찰할 수 없는 것)을 지시하려는 모든 다른 개념이 '차이 없이' 생각되어야 한다는 점이 마땅히 이해되어야 할 것이다. 달리 표현하면, 종교는 역사적으로 생성된 모든 그림을 탈피하고 거의 새로운 형성을 계획하는 초월적인 것으로부터 자신을 보호해야 할 것이다. 사회에서 종교가 부흥할 가능성을 생각할 수 있다면, 바로 그렇게 하는 것을 통해서일 것이다. 그러므로 마음대로 할 수 없는 것을 실제 인지적으로도 마음대로 할 수 없는 것으로 인간에게 소개하는 새로운 방법을 발견하는 일이 관건일 것이다. 그것이 가능할 것인가?

제기된 문제에 대한 대답을 적어도 암시라도 할 수 있기 위해서는 두 가지 구분의 대조, 즉 존재와 현상 간의 전통적 형이상학적 구분과 루만이 기본적인 것으로 간주하는 작동과 관찰의 구분을 대조하는 것이 도움이 될 것이다. 그러한 대조는 첫째로는 형이상학의 구분이 분리 불가능한 것, 더 정확하게 표현해서 그렇게는 분리 불가능한 것을 분리한다는 것을 보여줄 것이다. 형이상학은 말하자면 어떤 의미에서 즉 인간이 동일성과 동일성 아님을 '단번에' 생각할 능력이 없음을 보완하려는 (실패한) 시도를 나타낸다. 형이상학이 동일성을 이쪽 면에, 동일성 아님, 즉 이질성을 다른 면에 할낭하면서 방금 언급한 양 면 형성의 문제가 세계에 나타난다. 이것과는 달리 루만이 기본적인 것으로 소개한 작동과 관찰을 구분하는 개념에서는 동일성과 우연성의 두 계기가 어떤 방식으로 결집된 것으로 생각된다. 그 개념은 그런 식으로 작동의 차원, 즉 우연성 차원 외의 다른 차원이 우리에게 인지적으로 허용되어 있지 않다는 점을 근본적으로 파악한다. 모든 동일성은 구성된 동일성이다. 그것이 하나의 중요한 점이다.

다른 중요한 점은, 이미 다루었듯이 작동과 관찰이 상호 보충관계에서 생각되어야 한다는 것이다. 루만에 따르면, "그 두 현상은 분리될 수도 없고, 작동이 원인이며 관찰이 효과라는 의미에서 인과성의 관계가 있는 것도 아니다"(WG: 77). 말하자면 동일성이 생성된다는 것은 관찰의 임의적 행위로서가 아니라 관찰작동에 내재적으로 허용되어 있는 어떤 효과로서 생각할 수 있다. 우리는 작동이 계속 이루어질 수 있도록, 계속 연결 가능한 동일성을 구성해야 한다. 그리고 그렇게 함으로써 객체와 최종적으로 주체들이 있는 어떤 세계가 (우리를 위해) 창출되어야 한다. 그것으로부터 다음 내용이 도출된다. 우리에 의해 창출된 세계의 구축에 관해서는, 우리는 어떤 선택 가능성을 과거에 가지지도 않았고 현재에도 가지고 있지 않다. '타락' 이후부터 말이다. 스펜서 브라운과 함께 루만이 또한, "물리적 세계가 자신을 관찰할 수 있기 위해, 세계 안에 물리적 물리학자를 만들어낸다"(SA 4: 243)고 표현한다면, 그것은 존재자를 특징짓는 자기준거성의 순간을 지시할 뿐 아니라, 우리가 벗어날 수 없는 어떤 구조 안에 들어와 있다는 점이 암시된다. 우리는 관찰**해야 하며**, '구분하고 그리고 지시**해야' 한다**.

계속해서 다음이 타당하다. 루만이 선택한 작동과 관찰의 구분은, 우리가 구분을 벗어나지 못하는 것은 당연하지만 그래도 분리해야 한다는 점을 분명하게 한다. 그러나 그 구분은 우리가 분리하는 것을 궁극적으로 이해할 수 없는 의미에서 분리해서는 안 된다는 점을 분명하게 하기도 한다. 이것을 이해했다면 적어도 나의 명제에 따르면 형이상학적 질문을 새로운 수준, 즉 존재화하는 사고를 넘어서는 추상화 수준에서 제기할 수 있어야 한다. 내가 보기에는 이것은 진지하게 생각할 만한 가치가 있는 루만 이론의 성과이다.

방금 다룬 것을 배경으로 본다면, 여기서 기술한 고려의 결론으로 어떤 특정한 형식의 '인식'을 참조하는 것이 흥미로울 것이다. 그 인식은 비인지적 성격이 있지만, 우리 맥락에서 흥미롭게도 우리에게 자신을 드러낼 수 있는 최종적인 것의 구성의 역설적 성격을 자기 방식으로 입증한다. 여기서 (부가적으로) 이야기되는 '인식'은 원래 의미에서 인간이 특정한 조건 하에 행했고 서면으로 보고된 경험을 의미한다. 여기서 내가 말하는 것은 선禪 명상의 범위에서 '사토리'(깨달음)로 표현되는 것이다.[64] 사토리 체험의 근본적인 성격에 관해서는, 모든 개별적 차이에도 불구하고 우리 고려의 맥락과 관련해 놀라울 정도의 일치점들이 있다. 예컨대 사토리 체험에서는 (구분을 가지고 작동하는) 언어 구조가 체험된 것을 근사한 정도로도 적절하게 기술해내지 못한다는 점이 강조된다. 예컨대 서로 배타적인 대립들이 가령 극도의 놀라움과 최고조의 행복감이 '단번에' 체험되는 것을

---

64) 선禪의 실행에 관해서는 Philip Kapleau (Ed.), *Die drei Grundpfeiler des Zen*, Bern/München, 1984, D.T. Suzuki, *Leben aus Zen,* Frankfurt a.M., 1982를 참조할 것. 선의 철학에 관해서는 Rzosuke Ohashi (Ed.), *Die Philosophie der Kyoto-Schule*, Freiburg/München, 1990, Heinrich Dumoulin, *Zen im 20. Jahrhundert.* München, 1990, Hans Waldenfels, *Absolutes Nichts: Zur Grundlegung des Dialogs zwischen Buddhismus und Christentum,* Freiburg/Basel/Wien, 1990, Dieter Heinrich (Ed.), *All-Einheit: Wege eines Gedankenes in Ost und West, Stuttgart,* 1985를 참조할 것.

어떻게 언어로 포착할 수 있는가? 모든 구분, 예컨대 과거와 현재와 미래의 구분이 붕괴되는 체험을 어떻게 명백하게 만들 수 있는가? 체험된 것이 지식의 새로운 차원이 열리는 것으로 경험되며 동시에 절대적 새로움이 이미 알고 있었던 것으로 나타나는 상황을 어떻게 언어적으로 전달할 수 있는가? 이제 여기서 암시만 할 수 있는 이 경험을 루만의 특별한 진술의 맥락으로 옮기면 다음과 같은 일치점들이 나타난다. '사토리 체험'은 그렇게 말해도 된다면, '태초에 차이가 있다'는 정리를 입증한다. 왜냐하면 구분 이전의 세계에서 경험될 수 있는 것은 우리의 '보통의' 존재와 관련했을 때 완전히 새로운 것이며 근본적으로 전달할 수 없는 것이기 때문이다. 우리의 세계는 구분으로 시작한다. 그리고 우리가 이 구분의 지평에 갇혀 있다는 점에서, 우리에게는 넘어설 수 없는 인식의 경계가 주어져 있다. 이 구분의 세계는 우리가 전제로 삼아야 하는 마지막이 아니다. 바로 이 사실은 '표시되지 않은 공간'으로서 생각하는 것으로 전제만 할 수 있을 뿐이며, 선 명상의 사토리에서는 체험될 수 있다. 사토리에서 체험되는 것과 루만이 '표시되지 않은 상태'로 전제할 것으로 강요받는 것은 선의 맥락에서는 '절대적 무' 또는 '참된 공'으로 이해된다. 이 '절대적 무'는 모든 선 철학이 이해시키려는 것처럼 어떤 식으로든 존재의 맞은편에 있는 극으로 이해되어서는 안 된다. 모든 구분의 저 편에서 '존재하는' 것은 하나의 '어떤 것'이다(모든 단어는 체험된 것을 일치시킬 수 없다). 발덴펠스(Waldenfels, 1980: 97)에 따르면, 절대적 무는 "존재적으로 실현되며", 물론 "그들의 현재 상태로 되돌아올 때 상대적 존재와 비존재의 저 편에서 더 이상 제3자로 경험되지 않는 곳에서" 실현된다. 이 영역에서 의식은 '어떤 것을 의식함'의 상태를 중지한다(Isutzu, 1984: 23). 달리 표현하면 의식은 객관화하는 것을 중지한다. 의식은 구분해야 한다는 것을 중지한다. [65]그러나 의식은 다음 단계에서 구분해야 하는 의무에서 해방되어 논리가 더 이상 유효하지 않은 세계에 직면한다. 구분하는 '얽매인' 의식을 오로지 역설적인 것으로 자리매김할 수 있는 것은 세계이다.

선불교에서는 사토리에서 체험되는 것이 '진리의' 세계의 구조를 가리키는 것으로 이해된다. 인간은 그 구조 안에서, 보이는 세계로부터 구원받을 때의 입구를 발견한다. 루만은 '표시되지 않은 상태'를 전제해야 하며, 우리가 '절개해 들어가는' '상태'로 개념화한다. 우리는 '표시되지 않은 상태' 안에 구분들을 실행하며 그 상태를 절개 한다.

---

65) 이것이 의도하는 것은 이슈추가 인용하는 선의 대가 셍 챤의 시에서 고도로 일목요연하게 분명해질 수 있다.

> 더 이상 대립하는 시야에 붙들려 있지 마라.
> 그런 시선으로 사물을 찾지 마라.
> 의식의 가장 작은 분열도 극심한 혼란으로 빠져들기에 충분하다.
> …
> 구별하는 정신의 활동이 없는 곳에,
> 모든 사물은 원초적 무죄 상태에 있다.
> 무죄의 원초적 상태에는 그것과 그 사물이 존재하지 않는다.
> 구별하는 정신이 발원하지 않는다면,
> 의식은 더 이상 의식이 아니다.
> 객체가 사라지면 주체는 사라진다.
> 주체가 침몰하면 객체도 침몰한다.
> 객체의 세계는 주체 때문에 있다.
> 인식하는 주체는 객체 때문에 있다.
> 무엇이 주체이며 객체인지 알기를 원하는가?
> 둘 다 원래 하나의 유일한 공이라는 것을 알아라!
> (Seng-Ts'an(?-606), Isutzu, T., 1984: 23쪽에서 재인용).

그리고 그 구분들의 관계망으로부터 '어떤 것', 세계, 즉 생명과 의식 및 소통이 있는 세계를 발생시킨다. 우리가 절개하는 세계가 우리에게 더 이상 알려져 있지 않을 뿐 아니라 본질적으로 알려져 있지 않은 상태로 있다는 점에서, 궁극적으로 '그들은 자기가 무엇을 하는지를 모릅니다'라는 성구가 옳다.

3. 질문과 의심

지금까지 루만 사상을 심층적으로 분석했고 그 과정을 대략적으로 기록했다. 지금은 이 분석에서 만들어진 유익 외에도 일말의 당혹감이 남는다. 이 당혹감은 무엇보다도 다음 사실과 관계가 있다. 우리의 문화는 존재론적 사고의 반향이며 니클라스 루만을 포함한 우리 모두는 일상적 인간으로서 존재론적으로 생각한다. 그래서 루만도 다음과 같이 말한다. "존재화하는 관찰에 맞서서는 어떤 이의도 제기할 수 없다. 우리는 어떤 것을 찾고 그리고 발견하지 못하는 경험을 매일 한다. 구멍이 없다면 우리는 당구를 칠 수도, 스위스 치즈를 인식할 수도 없다"(SA 5: 19). 이 생각에 내재하는 인식의 경계, 한편으로는 그 생각에서 도출되는 물화 전략과 다른 한편으로는 그 안에 함의된 외부, 즉 자연에 대한 지배의 태도는 니체에서 하이데거를 거쳐 아도르노와 데리다에 이르기까지 성찰의 대상이다. 의식 철학이 쓸데없이 되었다는 것은 위르겐 하버마스의 생각이기도 하다. 그 문제는 니클라스 루만이 최초로 인식한 것이 아니었다. 그렇지만 루만이 자기준거적 자기생산 이론을 가지고 제안하는 문제 해결은 이전의 모든 해결 전략과 구분된다. 루만은 '동일성 아님'의 사상을 가장 일관성 있게 조작화했으며 그리고 주체에 대한 이해에까지 확장했다. 그것은 결정적인 작업이었다. 그런 식으로 주체에 대한 준거는 루만 식으로 표현하면, 경험적으로 관찰 가능하며 작동적으로 폐쇄된 체계에 대한 준거로 대체된다. 그리고 이러한 준거를 고려하는 이론이 구축된다. 간명하게 말하면 다음과 같다. 자기준거적 체계 이론을 중심으로 이해하려 한다면, '주체가 객체를 생각한다'는 구 유럽적 사고 유형을 포기해야 한다. 그것을 포기해야 하는 필연성을 이해하기란 어렵지 않지만, 이와는 달리 그것을 실천하는 것은 상당히 어렵다. 초심자에게 매우 생경한 루만의 이 언어는, 루만 스스로도 자기 이론이 명백하게 요구하는 것을 실천하기 어려워한다는 것을 입증하는 것으로 보인다. 우리 언어의 구조에 존재화의 순간이 내재적으로 허용되어 있기 때문에, 이 순간을 극복하기 위해 이른바 인공 언어가 필요하며 그것은 루만이 사용하는 경향이 있다. 이것은 물론 단일한 현상이 아니다. 후기 하이데거의 언어나 아도르노의 시도도 있었다. 아도르노는 자신이 성좌라 표현하는 접근 방법에 관한 언어의 확인적 성격을 극복하려 시도했던 적이 있다. 더 근대적이며 더 단순한 것은 시몬의 제안이다. 그는 '있다'와 관련해 '명사뿐만 아니라 명사화 동사 형태인 '있음'도 사용하면 안 된다고 요구한다. 이 제안이 특별히 도움이 될 것인지는 의심해보아도 된다. 우리 언어에서 구조의 물화 효과를 무력화하려는 시도가 어떻게 나타나든, 언급된 학자 가운데 어떤 이도 루만과 같은 방식으로 그것을 해내지 못했다. 그러므로 물론 이론 구성의 범위에서, 앞에서 인용했듯이 게르하르트 로트에 따라 '존재론적으로 매우 강하게 고정된', 그리고 그가 의도하는 것처럼 사고를 통해서도 다시 제거될 수 없는 구분을 제거하려는 시도가 이루어진다. 한편으로 일상적 사고와 다른 한 편으로 '이론 설계'에 적절한 사고의 중복을 극복하거나 아니면 단지 배제하는 것, 이것을 루만의 이론은 수용자들에게 요구한다. 루만을 피상적인 수준 이상으로 이해하기 위해 극복해야 할 큰 장애물은 바로 그러한 중복과 관계가 있다. 잘 알려져 있다시피 어떤 사람들은 루만 사상을 적극적으로 수용하는 반면, 다른 사람들은 적극적으로 거부한다. 내가 보기에는, 이러한 차이는 그들이 공空이나 체계와 환경의 추상성으로 도약하면서, '주체/객체-구분'을 그것의 모든 함의와 함께 극복해내는 데에 성공하는지 그리고 어떻게 성공하는지에 달려 있다고 하겠다. 솔직히 말하면 나는 구 유럽적 메타 수준이라고 일컫는 차원에서만, 이론으로서의 이론에 대한 숙고의 차원에서만 이 도약을 해낼 수 있다.

어느 정도로 일상의 사고 양식이 이론 형성의 사고 양식과 분리될 수 있는가라는 중심 질문은 루만이 요구한 구 유럽적 인과논리적 사고의 극복과 관련해서도 제기된다. 우리는 우리의 인식 구조가 진화에 의해 발전했다는 점에서 출발하고, 이 발전이 인간의 자연과의 대립에 기초하고 있다는 것과, 이 대립이 미시 우주나 거시 우주의 차원이 아니라 중간 우주의 차원에서 일어났다는 것을 전제할 수 있다. 그렇다면 구 유럽적으로 확인하고자 하는 사고는 역사의 타락일 뿐만 아니라, 인간이라는 류가 진화의 범위 내에서 직면했던 경험을 반영하는 것이다. 우리의 사고 구조는 [존재론적으로 다소 부적절한 표현이지만,] 우리를 둘러싸고 있는 중간 우주에 적응된 것이다. 중간 우주 차원에는 사물이 그 상태로 **있으며**, 인간과 사물이 **있고**, 인과성이 **있다**. 달리 표현하면 폭풍의 특정한 강도에 도달하면 사과가 나무에서 떨어진다. 그리고 그것이 내 머리 위에 떨어지면 나는 아픔을 느낀다. [이러한 전통적 사고는 사물의 운동을 인과론적으로 파악하려는 경향을 띤다. 그러나 루만의 사고에서는 일정한 강도의 폭풍이 낙과의 직접적인 원인도 아니고, 내 머리 위에 떨어진 사과가 내 아픔의 직접적인 원인도 아니다. 나의 아픔은 나의 두뇌체계에서 산출된 결과라는 것이다.] 물론 루만은 이 모든 전통적인 사고를 부인하지 않을 것이다. 그러나 그가 요구하는 것은 이 인과성 논리가 세계의 여러 관점의 하나일 뿐 전반적인 관점을 나타내지 않기 때문에, 그것에서 벗어나야 한다는 것이다. 루만은 인과논리적 사고가 사회에 단순하게 적용되면 분석 결과가 빈약해진다고 생각했다. 그 때문에 우리는 보다 복잡한 관찰 구조를 가지고 사회 분석을 시도해야 할 것이다. 그리고 우리가 충분히 인식했던 것처럼 루만은 이 시도를 감행한다. 그러나 이 시도는 사실상 어떤 모습인가? 기본적으로 내가 알고 있는 루만의 모든 작업은 극도로 원칙적으로, 구유럽적 용어로 표현하면 메타이론적으로 분류할 수 있을 수준에 있다. 루만이 남자와 여자의 관계와 스펜서 브라운[의 논리대수]를 연구하든, 근대를 관찰하든, 그의 모든 텍스트는 원칙적으로 그의 사상의 해석을 드러낸다. 학문체계든 법체계든 그 밖의 어떤 체계든 상관없이 체계에 대한 그의 작업은 소위 부수적이다. 또한 그의 작업이 명시적으로 주제화하는 바로 그 대상에 대한 새로운 지식을 포함하고 있다는 것은 부인할 수 없다.

그러나 나는 이러한 인식들을 제공하는 추상화의 수준 때문에, 루만적 사고를 위해 우리가 발휘해야 할 능력의 크기와 우리 능력의 크기와의 간극이 루만이 말하는 것보다 더 크다고 의심하지 않을 수 없다. 약간 더 자세히 말하면 나는 우리가 인지적으로 구조적으로 할 수 있는 것과, 우리가 루만을 따르며 인지적으로 구조적으로 할 수 있어야 하는 것 사이의 간극이 루만이 말하는 것보다 더 크다는 것이다. 그렇게 보자면, 루만에 관한 '추후 숙고'의 마지막에 다음 질문이 제기된다. 할 수 없는 것을 할 수 있는가? 역설 구조의 유사성은 우연적인 것이 아니라 희구된 것이다. 역설의 "전개"를 위해서는 루만 원문 텍스트를 읽을 것을 추천한다.

자주 인용된 니클라스 루만의 문헌:

BdM: Beobachtung der Moderne, Opladen 1992
EK: Erkenntnis als Konstruktion, Bern 1988
ÖK: Ökologische Kommunikation, Opladen 1986
WG: WiSSenschaft der Gesellschaft, Frankfurt/M 1990
『사회의 학문』, 2019, 이철 옮김, 이론출판.
SA 4: Soziologische Aufklärung 4, Opladen 1987
SA 5: Soziologische Aufklärung 5, Opladen 1987
SS: Soziale Systeme, Frankfurt/M 1984
『사회적 체계들』, 2019, 박여성, 이철 옮김, 한길사

참고문헌

Baecker, Dirk (Hg.) 1993: *Kalkül der Form*, Frankfurt/M.

Baecker, Dirk (Hg.) 1993: *Probleme der Form*, Frankfurt/M.

Bardmann, Theodor M. 1994: "Zirkularität als Standpunkt," in: *Soziologische Revue*, Jg. 17, Heft 3.

Bateson, G. 1984: *Geist und Natur. Eine notwendige Einheit,* Frankfurt/M.

Borsche, T. 1988: "Wer spricht, wenn wir sprechen? Überlegungen zum Problem der Autorenschaft," in: *Allgemeine Zeitschrift für SozialwiSSenschaften,* Jg. 13 Heft 3

Breuer, S. 1987: "Adorno, Luhmann, Konvergenzen und Divergenzen von Kritischer Theorie und Systemtheorie," in: *Leviathan, Zeitschrift für SozialwiSSenschaften,* Jg. 15 Heft 1.

Bühl, W.L. 1987: "Grenzen der Autopoiesis," in: *Kölner Zeitschrift für Soziologie und Sozialpsychologie,* Jg. 39, Heft 2.

Cheruti, M. 1991: "Der Mythos der AllwiSSenheit und das Auge des Betrachters," in: Watzlawick, P./Krieg, P. (Hg.): *Das Auge des Betrachters, Beiträge zum Konstruktivismus,* München.

Derrida, J. 1985: *Die Schrift und die Differenz,* Franksfurt/M.

Dumoulin, H. 1985: *Zen im 20. Jahrhundert*, München.

Foerster v. H. 1985: *Sicht und Einsicht, Versuche zu einer operativen Erkenntnistheorie*, Braunschweig/Wiesbaden.

Fuchs, P. 1992: *Niklas Luhmann - beobachtet. Eine Einführung in die Systemtheorie*, Opladen.

Geyer, P./Hagenbüchle, R. (Hg.) 1992: *Das Paradox. Eine Herausforderung des abendländischen Denkens*, Tübingen.

Glasersfeld v., E. 1991: "Abschied von Objektivität,"in: Watzlawick, P./Krieg, P. (Hg.): *Das Auge des Betrachters*, München.

Gripp, H. 1986: *Theodor W. Adorno - Erkenntnisdimensionen negativer Dialektik*, Paderborn et al.

Gripp-Hagelstange, H. 1988: "Das Revolutionäre der evolutionären Erkenntnistheorie,"in: *Universitas*, Jg. 43, Heft 7.

Gripp-Hagelstange, H. 1989: "Niklas Luhmann - oder: Was ist ein 'differenztheoretischer' Ansatz?", in: *Duisburger Beiträge zur soziologischen Forschung*, No. 4.

Gripp-Hagelstange, H. 1991: "Vom Sein zur Selbstreferentialität,"in: *Deutsche Zeitschrift für Philosophie*, Jg. 39, Heft 1.

Gumbrecht, H.U./Pfeiffer, K.L. (Hg.) 1991: *Paradoxien, DiSSonanzen, Zusammenbrüche*, Frankfurt/M.

Günther, G. 1965: "Das Problem einer transklaSSischen Logik,"in: *Sprache im technischen Zeitalter*, Heft 16.

Günther, G. 1976: *Beiträge zur Grundlegung einer operationsfähigen Dialektik Bd. 1*, Hamburg.

Habermas, J./Luhmann, N. 1971: *Theorie der Gesellschaft oder Sozialtechnologie*, Frankfurt/M.(위르겐 하버마스/니클라스 루만, 사회이론인가, 사회공학인가? — 체계이론은 무엇을 수행하는가? 이철 옮김,

이론출판, 2018.

Heidegger, M. 1981: *Sein und Zeit,* Tübingen.

Heidegger, M. 1986: *Identität und Differenz,* Pfullingen.

Heisenberg, W. 1959: *Phzsik und Philosophie,* Frankfurt/Berlin/Wien.

HuSSerl, E. 1985: *Das phänomenologische Methode, ausgewählte Texte I. hrsg. mit einer Einführung von K. Held,* Sttutgart.

HuSSerl, E. 1986: *Phänomenologie der Lebenswelt, ausgewählte Texte I. hrsg. mit einer Einführung von K. Held,* Sttutgart.

Izutsu, T. 1984: "Die Entdinglichung und Wiederdinglichung der 'Dinge' im Zen-Buddhismus,"in: Nitta, Y. (Hg.) *Japanische Beiträge zur Phänomenologie,* Freiburg/München.

Kapleau, Ph. 1984: *Die drei Pfeiler des Zen,* Bern/München.

Kneer, G./NaSSehi, A. 1993: *Niklas Luhmanns theorie sozialer Systeme. Eine Einführung,* Paderborn et al.

Krüll, M./Luhmann, N./Maturana, H. 1987: "Grundkonzepte der Theorie autopoietischer Systeme. Neun Fragen an Niklas Luhmann und Humberto Maturana," in: *Zeitschrif für systemische Therapie,* 5(1).

Kryszof, M. et al. 1981: *Offene Systeme II. Logik und Zeit.* Stuttgart.

Lipp, W. 1987: "Autopoiesis Biologisch, Autopoiesis Soziologisch. Wohin führt Luhmanns Paradigmawechsel?" in: *Kölner Zeitschrift für Soziologie und Sozialpsychologie,* Jg. 39, Heft 3.

Luhmann, N. 1975: *Soziologische Aufklärung 2,* Opladen.

Luhmann, N. 1977: "Interpenetration - Zum Verhältnis personaler und sozialer Systeme," in: *Zeitschrift für Soziologie,* Jg. 6, Heft 1.

Luhmann, N. 1981: *Soziologische Aufklärung 3,* Opladen.

Luhmann, N. 1982: "Autopoiesis, Handlung und kommunikative

Verständigung," in: *Zeitschrift für Soziologie,* Jg. 11, Heft 4.

Luhmann, N. 1984: *Soziale Systeme. Grundriß einer allgemeinen Theorie,* Frankfurt/M.

Luhmann, N. 1985a: "Die Autopoiesis des Bewußtseins," in: *Soziale Welt,* Jg. 36, Heft 4.

Luhmann, N. 1985c: "Die Soziologie und der Mensch," in: *Neue Sammlung,* Jg. 25, Heft 1.

Luhmann, N. 1986a: *Ökologische Kommunikation. Kann die Gesellschaft sich auf ökologische Gefährdungen einstellen?,* Opladen.

Luhmann, N. 1986b: "Intersubjektivität oder Kommunikation: Unterschiedliche Ansgangspunkte soziologischer Theoriebildung,"in: *Archivio di Filosophia,* 54.

Luhmann, N. 1987a: "Autopoiesis als soziologischer Begriff,"in: Haferkamp, H./Schmidt, M. (Hg.): *Sinn, Kommunikation und soziale Differenzierung,* Frankfurt/M.

Luhmann, N. 1987b: "Die Richtigkeit soziologischer Theorie,"in: *Merkur,* Jg. 41, Heft, 4.

Luhmann, N. 1987c: *Soziologische Aufklärung 4,* Opladen.

Luhmann, N. 1987d: "Tautologie und Paradoxie in den Selbstbeschreibungen der modernen Gesellschaft," in: *Zeitschrift für Soziologie,* Jg. 16, Heft 3.

Luhmann, N. 1988a: "Neuere Entwicklungen in der Systemtheorie," in: *Merkur,* Jg. 42, Heft, 4.

Luhmann, N. 1988b: *Erkenntnis als Konstruktion,* Bern.

Luhmann, N. 1988c: "Frauen, Männer und George Spencer Brown," in: *Zeitschrift für Soziologie,* Jg. 17, Heft 1.

Luhmann, N. 1990a: "Über Systemtheoretische Grundlagen der Gesellschaft," in: *Deutsche Zeitschrift für Philosophie,* Jg. 38, Heft 3.

Luhmann, N. 1990b: *Soziologische Aufklärung 4. Konstruktivistische Perspektiven,* Opladen.

Luhmann, N. 1990c: *Die WiSSenschaft der Gesellschaft,* Frankfurt/M.

Luhmann, N. 1991a: *Soziologie des Risikos,* Berlin.

Luhmann, N. 1991b: "Am Ende der kritischen Soziologie,"in: *Zeitschrift für Soziologie,* Jg. 20, Heft 2.

Luhmann, N. 1991c: "Sthenographie und Euryalistik," in: Gumbrecht, H.U./Pfeiffer, K.L. (Hg.): *Paradoxien, DiSSonanzen, Zusammenbrüche,* Frankfurt/M.

Luhmann, N. 1990d: "'Ich denke primär historisch,'ReligionSSoziologische Perspektiven. Ein Gespräch mit Fragen von Detlef Pollack(Leipzig)" in: *Deutsche Zeitschrift für Philosophie,* Jg. 39, Heft 9.

Luhmann, N. 1992: *Beobachtungen der Moderne,* Opladen.

Luhmann, N. 1993a: "Was ist der Fall", "Was steckt dahinter?" Die Zwei Soziologien und die Gesellschaftstheorie, Bielefelder Universitätsgespräche und Vorträge 3, Bielefeld.

Luhmann, N. 1993b: "Die Paradoxie der Form,"in: Baecker, D. (Hg.): *Probleme der Form,* Frankfurt/M.

Luhmann, N. 1993b: "Zeichen als Form,"in: Baecker, D. (Hg.): *Probleme der Form,* Frankfurt/M.

Maturana, H.R. 1982: *Erkennen: Die Organisation und Verkörperung von Wirklichkeit,* Braunschweig/Wiesbaden.

Maturana, H.R./Varela, F.J. 1987: *Der Baum der Erkenntnis,* Bern/München/Wien.

Nitta, Y. (Hg.) 1984: *Japanische Beiträge zu Phänomenologe,* Freiburg/München.

Osashi, R. (Hg.) 1990: *Die Philosophie der Kyoto-Schule,* Freiburg/München.

Picht, G. (Hg.) 1981: "Zur Einführung,"in: Kryszof, M. et al. 1981: *Offene*

Systeme II. Logik und Zeit. Stuttgart.

Pfütze, H. 1988: "Theorie ohne Bewußtsein," in: *Merkur,* Jg. 42, Heft 4.

Riegas, V./Vetter, Ch. 1993: *Zur Biologie der Kognition. Ein Gespräch mit Humberto Maturana und Beiträge zur DiskuSSion seines Werkes,* Frankfurt/M.

Roth, G. 1983: "Selbstreferentialität und Dialektik. Zur Ontologie und Epistemologie lebender Systeme," in: International ASSociation for the Study of Dialektical Philosophie: *Annalen der Internationalen Gesellschaft für Dialektische Philosophie-Societas Hegeliana,* Köln.

Schmidt, S. 1991: *Der Diskurs des Radikalen Konstruktivismus,* Frankfurt/M.

Segal, L. 1986: *Der 18. Kamel oder Die Welt als Erfindung. Zum Konstruktivismus Heinz von Foersters,* München/Zürich.

Simon, F.B. 1992: "Paradoxien in der Psychologie," in: Geyer, P./Hagenbüchle, R. (Hg.) 1992: *Das Paradox. Eine Herausforderung des abendländischen Denkens,* Tübingen.

Spencer Brown, G. 1972: *Laws of Form,* New York.

Suzuki, D.T, 1982: *Leben aus Zen,* Frankfurt/M.

Varela, F. 1989: "Der kreative Zirkel. Skizzen zur Naturgeschichte der Rückbezüglichkeit," in: Schaeffer, M./Bachmann, A. (Hg.): *Neues Bewußtsein - neues Leben,* München.

Waldenfels, H. 1990: *Absolutes Nichts, Zur Grundlegung des Dialogs zwischen Buddhismus und Christentum,* Freiburg/Basel/Wien.

Watzlawick, P./Krieg, P. (Hg.) 1991: *Das Auge des Betrachters. Beiträge zum Konstruktivismus,* München.

그립하겔슈탕에, 헬가(GRIPP-HAGELSTANGE, Helga). 1935~ 2004, 프랑크푸르트 대학에서 사회학, 사회심리학, 정치학 전공. 1975년 철학 박사학위 취득. 1979년부터 2001년까지 두이스부르크 대학 교수. 관심분야는 이론사회학이며, 주된 업적은 프랑크푸르트 학파의 '비판이론'과 논쟁한 결과물로서 Theodor W. Adorno와 관련해서 *Erkenntnisdimensionen negativer Dialektik*, (1986)을, Jürgen Habermas와 관련해서 *Und es gibt sie doch – Zur kommunikationstheoretischen Begründung von Vernunft bei Jürgen Habermas*, (1984)가 있다. 또한 루만의 체계이론을 분석한 작업으로서 본서 외에도, *Niklas Luhmanns Denken: Interdisziplinäre Einflüsse und Wirkungen*, (2000)이 있다.

이철. 독일 빌레펠트 대학에서 사회학 석사 및 박사. 동양대학교 행정경찰학부 교수. 저서로는 *(Latente) soziale Problem und Massenmedien*이 있으며, 역서로는『사회학의 기본』『쉽게 읽는 루만』, 『예술체계이론』, 『사회이론입문』, 『사회의 스포츠』, 『사회의 교육체계』, 『사회이론인가, 사회공학인가?』『사랑: 연습』, 『벌거숭이 임금님: 신임보스의 사회학』, 등이 있다.

니클라스 루만
사랑: 연습 Liebe: Eine Übung
이 철 옮김

이 책은 "사랑"이라는 현대사회의 독특한 현상을 사회이론적인 관점에서 분석한다. 남녀 사이에 모든 체험을 공감하고 공유해야만 유지되는 현대의 소통체계는 어떤 사회적인 이유에서, 어떤 사회적인 필요에 따라 제도화되었는가? 친밀체계는 현대사회에서 소통이론과 매체이론적으로 어떤 문제를 해결했으며, 다른 문제들을 낳았는가?

친밀체계는 인정을 받으려는 인간 보편의 욕구들이 자아의 체험을 타자의 행동을 통해 입증받으려는 유형으로서 구체화된 것이다. 그런데 모든 심리적 체계들은 자기 속에 갇혀 자기와의 대화만으로 세상을 접촉하고 있다고 착각하고 있다. 그래서 소통에 참여하는 심리적 체계들은 소통을 통해 서로가 공유하는 객관적인 의미영역을 확장해나가는 것이 아니라, 자기만의 주관적 의미영역만을 가꾸어나갈 수 있을 뿐이다. 친밀체계의 성공과 좌초의 위험은 바로 여기에 있다.

사랑을 냉철하게 분석하여, 친밀체계의 작동 구조를 잘 이해한 사람들이라면, 사랑의 소통을 잘 구사함으로써 실패보다 성공의 가능성을 높일 수 있을 것이다.

니클라스 루만
사회의 교육체계 Das Erziehungssystem der Gesellschaft
디터 렌첸 편집, 이 철 · 박여성 옮김

이 책은 현대사회의 교육 현상을 생성되는 모습 그대로 정의하고, 그 제도화 과정과 해부도를 제시한다. 인간완성, 인간해방과 같은 목적론적 관점에서 교육을 보지 않는다. 이데올로기와 가치들을 추구하는 대신, 정확한 현실 분석과 실현 가능한 대안을 고민해보자는 것이다.

니클라스 루만은 이러한 기술이론(descriptive theorie)을 통해, 교육의 맹목성과 무능력을 비판이론보다 더 급진적으로 보여준다. 그리고 문제 해결을 위해, 교육이 교육 실천의도에 얼마나 충실한지의 관점에서 자신과 사회의 관계를 성찰하고, 교육과 사회의 관계의 균형을 회복할 것을 촉구한다.

니클라스 루만
사회이론 입문 Einführung in die Theorie der Gesellschaft(루만 퇴임 강연), 디르크 베커 편집, 이 철 옮김

루만은 빌레펠트대학에서의 마지막 강의에서, 현대사회가 진행할 가능성들을 이론적으로 추적한다. 루만은 이때 체계이론에서 유래하지만, 생물학, 사이버네틱스, 커뮤니케이션이론과 정보이론에 근거한 개념들을 가지고 오늘날의 사회를 기술한다.
루만은 자신의 이론을 국제 재정시장, 정치, 언어, 현대 커뮤니케이션매체 등과 같은 구체적인 경험적 현상들에 지향하고, 그럼으로써 자신의 이론을 선명하게 부각시킨다. 루만은 강의를 진행해 나가면서 기존의 인식 장벽들과 사고 장벽들을 붕괴시키고, 현재 사회의 성격과 형식을 제대로 볼 수 있도록 안내한다.
이 책은 또한, "무슨 일이 일어났는가? 그 뒤에 무엇이 있는가?"라는 제목의 루만 퇴임 강연을 소개하고 있다. 실증주의 연구 전략은 과학 내에서 구축된 자료에만 의존하여 자기준거에만 치우치고, 해석주의 연구전략은 사회의 결함을 찾는 데만 몰두하여 타자준거에만 치우치느라, 현대사회에 필요한 기능을 충족시키지 못하여, 사회로부터 외면받고 있다.

한스 페터 헤네카
사회학의 기본: 사회학적 사유와 관찰 Grundkurs Soziologie
이철 · 박한경 옮김

이 책은 일반 사회학 개론서와는 달리, 사회학적 사유와 관찰에 필요한 정수들로 독자들을 초대한다. 아리스토텔레스, 토마스 아퀴나스, 이븐 칼둔, 마키아벨리, 파레토 등을 사회학자로서 만날 수 있다. 마르크스, 뒤르켐, 베버에 집중된 국내 사회학에, 짐멜, 파슨스, 다렌도르프를 더하여, 인간, 사회, 사회적 연관성으로서의 집단에 대해 균형잡힌 분석을 실행한 토대에서 통합이론과 갈등이론을 비교한다.
또한 대표적인 조사방법들, 즉 관찰, 설문조사, 이차 분석, 내용분석, 전기적 방법, 실험, 행위조사, 소시오메트리, 네트워크 분석의 핵심 내용들을 간결하게 전달한다. 이 책은 사회학적 관점, 사회과학적 인식과 조사 방법, 사회학적 경험조사의 실행 능력을 중개한다.

니클라스 루만
벌거숭이 임금님: 신임 보스의 사회학 Der neue Boss
이철 옮김

행정과 조직은 전통사회와는 근본적으로 구별되는 근대사회를 생성시킨 기본 동력일 뿐만 아니라 필수적인 구성성분이다. 우리는 관료주의를 부정적인 측면과 긍정적인 측면 모두에서 균형 있게 조명할 수 있어야 한다. 오직 그렇게 할 때에만 이 현상의 긍정적인 측면은 강화하고 부정적인 측면은 보강하여 성과를 향상시키는 방안을 모색할 수 있을 것이다.

처음 만남에서는 관계 맺음을 모색하던 상사와 부하 직원들이 곧 "벌거숭이 임금님"과 임금님의 "패션"을 칭찬하는 신하의 역할로 전환하게 되는 것은 인간 본연의 속성으로부터 비롯되는 일이다. 타인의 행동을 통제하여 상황을 예상 가능한 수준으로 유지하겠다는 인간 보편의 욕구들이 소통과 격식으로 인해 억제되면, 언제나 은밀한 경로로 해법이 모색되기 때문이다. 우리는 이 관계를 통찰한 후에야, 문제의 근본적인 해법을 고민하기 시작할 수 있다. 깊은 통찰을 함축적으로 담고 있는 이 작은 책은 바로 그러한 해법을 모색하도록 안내한다.

《《2017년 학술원 우수도서》》
칼 하인리히 베테
사회의 스포츠: 니클라스 루만의 체계이론에 기초한 연구들
Systemtheorie und Sport
송형석 · 이철 옮김

체계이론은 탈(脫)주체화를 통한 주체 해명을 추구한다. 처음에는 혼란스럽고 역설적인 이 공식은 현대 인간의 가능성과 곤경을 놀라운 다른 방식과 현실에 적절한 방식으로 설명한다.

관찰의 재귀성과 회귀성의 조건하에서는 관찰로부터 자유로운 관찰이란 존재하지 않는다. 체육학의 모든 분과 과학들은 자신의 연구 활동이 다른 관찰자에 의해 관찰되도록 해야 한다. 이러한 견해는 많은 체육학자들이 스포츠의 번영을 위해 만들어낸 스포츠와 과학의 통일상을 뒤흔들어 놓을 것이다.

니클라스 루만
사회의 정치, Die Politik der Gesellschaft
서영조 옮김

이 책은 이상적인 국가나 정치사상을 지향하는 방식으로 정치를 기술하지 않는다. 이 책의 제목, "사회의 정치"란 집합적으로 구속력 있는 결정을 내리는 기능을 위임하는 특수 소통이 사회의 전체의 소통으로부터 분화독립화되어 나왔음을 뜻한다. 그래서 정치란 정치인과 유권자들 사이의 권력위임 소통이며, 국가는 정치의 중심이 아니라, 이러한 특수 소통의 부산물이다.
현대사회의 정치체계는 국가의 정책을 결정할 수 있는 권한을 다투는 중심부와 그 결정 과정에 영향을 미치려는 주변부로 분할되어 있다. 이러한 구조에서 정치 인들은 유권자들의 기대에 부응하는 보스일 수밖에 없다. 정치인들만을 일방적으로 비난할 일이 아니다. 정치인들이 직면한 유권자들의 기대가 정확하게 소통될 수 있도록 도모하여야 할 것이다. 정치체계, 즉 권력위임 소통의 구조와 동학을 파악하고, 그 소통에서 기대할 수 있는 것만 기대해야 한다. 정치와 정치인 및 정치 소통에 맡겨진 기능을 이 관점에서 성찰하고 강화하는 일이 급선무이다.

위르겐 하버마스/니클라스 루만
사회이론인가, 사회공학인가? — 체계이론은 무엇을 수행하는가?
Theorie der Gesellschaft, oder Sozialtechnologie? — Was leistet die Systemforschung
이철 옮김

이 책은 사회과학사 최대의 논쟁집이다. 1960년대 독일 사회학의 실증주의 방법론과 해석학적 방법론 간의 논쟁이 자연과학적 사고 전통과 인문과학적 사고 전통 간의 대립이라고 한다면, 이 책에서는 지금까지의 과학적 방법론을 재구조화하여 20세기 후반을 풍미하였던 하버마스의 담론이론과, 자연과학적 사고 전통과 인문과학적 사고 전통을 체계 개념으로 재동합하여 사회 현상의 관찰 도구를 개념화한 루만의 사회학적 체계이론과의 논쟁이 이루어졌다.
이 책은 루만의 "사회학의 기본 개념으로서의 의미", 하버마스의 "의미의 의미: '의미'는 언어 독립 범주인가?"와 "의사소통 능력 이론을 위한 준비 논평" 및 루만의 "체계이론적 주장들: 위르겐 하버마스에 대한 반박"이라는 논문으로 구성되어 있다.

출간예정
야아우스, 낫세이 등
루만 — 핸드북: 생애 — 저작 — 영향
Handbuch — Luhmann : Leben — Werk — Wirkung
박여성 · 이철 · 송형석 옮김

 니클라스 루만의 체계이론은 독일에서 많은 학문분과뿐만 아니라 사회의 지적 논의를 이끌고 있다. 구십여 명의 전문 루만 연구자들이 백여 편 이상의 글을 모아 출간한 이 핸드북은 루만의 일대기에 대한 설명에서 시작하여, 그의 사고의 토대들과 주요 이론 줄기들을 추적한다. 루만은 진화이론, 소통이론, 매체이론과 사회이론을 동시에 추진하였다. 진화이론은 시간적 차원에서의 의미 변동을, 소통이론은 사회적 차원에서의 의미 처리 과정의 변화를, 매체이론은 사실적 차원에서의 의미 처리 방식을 다룬다. 사회이론은 사회의 소통이 이 셋의 종합으로서 진행되는 것으로 기술한다.
그밖에도 이 책은 루만의 저작들에 관한 분석도 보여준다. 이 책은 자기생산, 약호, 복잡성, 체계 등의 체계이론이 중심 개념들, 다른 학자들과의 연관, 20여 개의 과학분과 별 루만 수용도 다루고 있다. 루만 이론이 주체 없는 이론, 경험 없는 이론, 비판 없는 이론의 포즈를 취했거나 거대이론의 위상을 취했다는 점이 실제 어떤 의도와 유용성이 있는지에 대한 논의도 볼 수 있다.

출간예정
니클라스 루만
공식 조직의 기능과 파생 문제들
Funktionen und Folgen formaler Organisationen
이철 옮김

"급격한 변화를 겪은 조직 영역에서는 지난 삼십년 동안 많은 것이 달라졌으며, 조직과학은 이 책의 초판이 출간된 1964년 이후 근본적인 변화를 겪었다. 하지만 이 말은 이 책의 연구 관점이 거부되었거나 진부해졌다는 뜻은 아니다."
1999년 이 책의 5판을 출간할 때 루만이 에필로그에서 한 말이다. 이 책은 현재 독일의 조직사회학 영역에서 가장 중요한 문헌이다. 루만은 통일적이며 통합된 조직이론을 구성하겠다는 목표를 세우고는, 이 목표를 위해 체계이론과 결정이론을 통합하는 이론을 구성하였다. 이 책은 조직 내에서의 실제 행동 유형을 이론화한 유일한 연구서이다.

출간예정
니클라스 루만
사회의 경제, Die Wirtschaft der Gesellschaft
유근춘 옮김

"사회의 경제"에 대한 이 책의 서술은 경제의 성공과 위험이라는 두 측면 모두에 관심이 있다. 이 책은 현재 경제가 처한 지점에서 분석을 시작한다. 경제의 입지는 안정성과 불안정성이라는 고도로 독특한 사정과 상당한 정도의 임시성과 둔탁함이라는 특징을 가지고 있다. 경제는 또한 상당한 정도의 탈사물화와 꾸며낸 상품들, 모든 기본적 작동들의 상당한 규정성과 미규정성의 특징을 지닌다. 이 책은 불안정성 자체를 경제의 재생산 기제로서 기술하고, 그 지점으로부터 스스로 탈안정화되는 경제가 예컨대 정치와 과학에 어떤 영향을 미치는지를 질문하며, 또한 자원들과 인간의 동기에 어떤 영향을 미치는지를 질문한다.

출간예정
펠릭스 라우
역설의 형식, 조지 스펜서브라운의 『형식의 법칙들』의 수학과 철학에의 입문
이철 옮김

영국의 수학자 조지 스펜서브라운(1923-2016)은 전제된 참과 거짓에 기초하는 논리학에 수학적인 근거를 마련해준다. 그는 또한 존재와 부재 사이의 관계를 수학적으로 탐구하지 않은 채 바로 의미세계들(숫자 및 연산항과 연산자의 차이)로 넘어간 주류 수학과는 달리, 순수하게 형식적인 수학적 관계들에 관한 사유를 펼쳐 보인다. 『형식의 법칙들』은 러셀, 부울, 화이트헤드 등의 유형이론이 해결하지 못했던 문제를 풀어내었으며, 괴델의 불완전성 정리 문제로부터도 자유롭다.
이 책은 주류 수학에 새로운 과제와 해법을 보여주며, 주류 철학에 새로운 인식론의 기초를 제시한다. 그리스철학이 잘못된 전제에서 출발했음을 드러내며, 도교, 불교의 사유를 수학적으로 입증한다. 그러한 수학적 입증에 동원된 "지시산법(Calculus of Indication)"은 부재와 존재, 공간과 시간을 포함하여 모든 대상과 현상이 "어떤 것/경계/그 밖의 다른 것"이라는 형식의 (차이)동일성(Einheit)을 공통적으로 가지고 있음을 보여준다.

출간예정
니클라스 루만
사회의 과학, Die Wissenschaft der Gesellschaft
이 철 옮김

이 책은 두 가지 상이한 이론 영역을 결합하고자 한다. 그래서 두 가지 상이한 출발점에서 독서할 수 있다. 첫째, 이 책은 사회이론에 대한 중요한 기여이다. 현대사회는 기능적으로 분화된 사회적 체계로서 파악되며, 그 결과 과학은 이 포괄적인 사회적 체계의 부분체계들 가운데 하나로서 다루어진다.
다른 출발점은 인식론이나 에피스테몰로지 같은 표현 하에 20세기 중반부터 이어져오는 논의에 있다. 여기서는 관념론적이거나 초월론적 토대(와 그래서 주관적) 토대를 포기하며, 그 대신 실제적인 체계들을 전제하는 "구성주의적" 개념들을 지향한다. 실제적인 체계들이란, 자기 힘으로 환경에 접근할 수 없기에 자신의 관찰을 고유한 구성에 지향하고 그래야만 하는 체계들을 말한다.

출간예정
니클라스 루만
사회의 종교, Die Religion der Gesellschaft
이철 · 이윤미

사회학의 고전학자들은 종교사회학을 사회이론의 핵심 부분으로서 간주했다. 그런데 그들은 현대적이며, 종교와는 무관하게 구축된 사회를 그렇게 설명한다. 주류 사회학의 종교사회학은 현대사회의 종교를, 여전히 인간의 기본적인 욕구, 인간의 불완전성과 그 해결 가능성으로서의 신의 전지전능의 관계에서 설명하고 있다.
반면 이 책은 종교를 초월성과 내재성의 (차이)동일성을 추적하는 자율적인 소통체계로서 정의하고 설명한다. 그러한 소통체계는 사회의 변천에 따라 스스로 변화하였으며, 그래서 전통사회에서 수행했던 중심 기능을 현대사회에서는 더 이상 수행하지 않는다. 루만은 이 유고에서, 현대사회에서의 종교(적 소통체계)를 정확하게 분석하여, 현대사회에서의 유용성을 모색한다.